DIE JÜDISCHE KÜCHE

Eine kulinarische Reise zwischen Tradition und Moderne – mit über 160 Rezepten

TEXTE UND FOTOGRAFIEN VON ANNABELLE SCHACHMES

1. Auflage

Die Originalausgabe erschien 2015 unter dem Titel „La Cuisine Juive" bei Éditions Gründ,
einem Label von d'Édi8, Paris, Frankreich.

Redaktionsleitung: Silke Kirsch
Projektleitung: Eva Wagner
Übersetzung: Lisa Heilig, Köln
Lektorat: Şebnem Yavuz, Erpel
Gesamtproducing: trans texas publishing services GmbH, Köln
Coverdesign für die deutschsprachige Ausgabe: OH, JA!, München
Druck & Verarbeitung: Těšínská tiskarná, Český Těšín

Für die französischsprachige Originalausgabe:
Cover- und Buch-Design: Nicolas Galy für NoOok

Printed in the Czech Republic

MIX
Papier aus verantwortungsvollen Quellen
FSC® C005833

Verlagsgruppe Random House FSC® N001967

ISBN 978-3-579-09521-9

Für meinen unglaublichen Großvater Lucien.

Für meine wundervolle Tochter Juliette.

INHALT

VORWORT VON AMANDA STHERS

Jüdische Küche … als Annabelle mir von ihrem Projekt erzählte, wäre ich fast vom Stuhl gefallen. Es gibt nämlich ungefähr so viele verschiedene jüdische Küchen wie es Juden gibt! Judaismus ist eine Religion und keine Region. Dann aber ist mir langsam klar geworden, dass sie nicht nur in ihrer eigenen Familiengeschichte, sondern auch in der Geschichte des jüdischen Volkes etwas suchte.

Mir sind Bilder gekommen, erst fröhliche: von meiner Großmutter, die Couscouskörner knetet, meinen Schwestern und mir, wie wir bei der Vorbereitung eines Sabbat-Essens lachen. Und dann natürlich auch unfassbar traurige Bilder von bis auf die Knochen abgemagerten Körpern, leeren Blicken … Ich fragte mich, welcher dieser Überlebenden sich als Erster wieder an den Herd gestellt hat? Konnten sie essen? Sich an den Tisch setzen? Wieder lachen? Wie soll man sich mit dieser Religion beschäftigen, ohne auch an ihre Tragödien zu denken? Und da habe ich verstanden, dass es in dieser fälschlicherweis als Volk bezeichneten Gemeinschaft darüber hinaus ein Zusammengehörigkeitsgefühl gibt, das dank der gemeinsamen Tradition – und nicht nur der Religion – weiterlebt.

Da wusste ich: Dieses Buch ist eine tolle Idee. Über ein Jahr lang hat sie mir Fotos in Postkartenform von ihren Reisen und ihren Entdeckungen geschickt – von Orten, die mir vorkamen, als ob ich sie seit meiner Kindheit kennen müsste, oder deren Gerüche ich aus den Büchern von Isaac B. Singer wiederzuerkennen glaubte.

Das Judentum ist reich an kulturellen Einflüssen und an Austausch. Denn welche Verbindungen bestehen zwischen der Küche eines polnischen Juden der westlichen aschkenasischen Tradition und der eines nach Tunesien geflohenen sephardischen Juden mit spanischen Wurzeln? Es ist natürlich eine sehr lange Geschichte, die über Generationen tradierten Werte und Riten, die mündlichen Überlieferungen.

Vor allem gibt es keine andere Religion, bei der Speisen und Getränke eine so große Rolle bei religiösen Festen und Bräuchen spielen. So darf man an Rosch ha-Schana ganz bestimmte Speisen essen (jede Frucht, jedes Gericht hat Symbolcharakter), während gesäuertes Brot an Pessach verboten ist (um sich der Befreiung aus der Knechtschaft und des Auszugs aus Ägypten zu erinnern) und an Jom Kippur gefastet wird, um sich auf das Spirituelle zu konzentrieren. Überhaupt gibt es mit der Kaschrut viele Vorschriften zur Zubereitung und zum Verzehr von Speisen und Getränken.

Wenn ich etwas koche und es schmeckt wie bei meiner Großmutter, die ohne Rezept kochte, kommen in mir sehr starke Gefühle auf. Denn die sogenannte jüdische Küche ist Ausdruck eines Glaubens und der Überzeugungen, die allen Herausforderungen standgehalten haben, und – wie archäologische Fundstücke – den Ablauf der Geschichte dokumentieren.

Annabelle wollte ein Kochbuch schreiben, tatsächlich aber hat sie ein wunderbares Geschichtsbuch verfasst, ein Handbuch eines Überlebens mit Freude.

A. S.

EINLEITUNG

Die jüdische Küche ist in erster Linie eine Weltküche. Bei den vielen Recherchereisen, die mich auf verschiedene Kontinente führten, habe ich festgestellt, dass alle jüdischen Küchen Belege dafür sind, wie sehr sich jüdische Gemeinden über Generationen an die Kultur und Traditionen der Länder angepasst haben. Überall, wo jüdische Gemeinden Station machten oder heute noch (oder wieder) angesiedelt sind, haben sie von anderen Kulturen gelernt und kulinarische Traditionen aufgenommen.

Seit frühester Zeit sind Speisen ein wesentliches Element des jüdischen Kalenders. Die meisten jüdischen Feiertage sehen spezielle Gerichte vor, die in rituellen Zeremonien in die traditionellen Festmahle zu Sabbat, Rosch ha-Schana oder Pessach eingebunden sind (neben dem Lesen der Haggada und der Seder). Aber auch dann, wenn sie kein eigentlicher Bestandteil eines feierlichen Rituals sind, gehören bestimmte Speisen doch zu den festen Bräuchen; so wird zu Chanukka traditionell Schmalzgebäck serviert, um an das Ölwunder zu erinnern.

Solche Festtage und ihre Vorbereitungen sind große Familienzusammenkünfte, bei denen man sich austauscht. Vor allem sind sie aber auch Feste der Liebe und der Freude. Für die Frauen bedeutet dies meist, viel Zeit in der Küche zu verbringen. Alle haben ihre eigenen Gepflogenheiten, die oft von Generation zu Generation weitergegeben werden. In jeder Küche liegt an einem geeigneten Platz, fast wie ein heiliges Buch, ein Heft mit alten Familienrezepten.

Als ich für dieses Buch viele dieser kleinen „heiligen" Bücher durchgeblättert habe, bin ich mir einer Sache bewusst geworden: und zwar dass es so viele Rezepte für Couscous, Hackbällchen, gefilte Fisch, Klops und Kneidler wie jüdische Familien gibt und dass es in jeder Familie eine spezielle Zutat oder irgendeinen Trick gibt, der das Gericht, selbst wenn das Resultat an sich das Gleiche ist, zu etwas Besonderem macht.

Das Buch, das Sie in Händen halten, ist das Ergebnis monatelanger Recherchen und Reisen rund um den Globus, die ich unternommen habe, um die Ursprünge der Gerichte zu verstehen. Aber es ist auch eine Art Quintessenz aller „heiligen Büchlein", all jener Rezepte, die nicht in Vergessenheit geraten dürfen. Denn das wäre in gewisser Weise, als ob wir unsere Geschichte vergessen würden.

Annabelle Schachmes

2474

מרדכי לוי
כל ענפי הביטוח
מאפיית הצבי

15
10

SHELSKY'S
CLASSIC NYC DELICATESSEN
HOT PASTRAMI
CORNED BEEF
TONGUE
KNISHES
KASHA VARNISKES
AND MORE!
CHECK OUT THE FULL MENU
AVAILABLE INSIDE!

MOXIE

צדקה
TZEDAKA
אהבת חסד
FREE SOUP KITCHEN
לעילוי נשמת
מרת חנה פריווא
בת הוה"ח הר' אלטר יהושע הכהן ע"ה
גאלדשטיין
נפטרה ביום ו', ערב שבת קדש
כ"ד מנחם-אב, ה'תש"ס
תנצב"ה

SHOMRIM
MOBILE COMMAND CENTER
CROWN HEIGHTS DIVISION
שומרים

עלי-בייבי
בזיליקום
בזיליקום
אדום
אורגנו
מרווה
טימין
רוזמרין
רוקט
רוגולה
LEVSTI
עירית
עירית
שום

GEWÜRZE, EINGELEGTES & WÜRZMITTEL

MALOSSOLS, SAUERKRAUT & EINGELEGTE ZITRONEN

In der jüdischen Küche werden, ob nun nach aschkenasischer oder sephardischer Tradition, diverse Frucht- oder Gemüsesorten in Salz- oder Essiglake konserviert. Ursprünglich wurde die Milchsäurefermentation als Konservierungsmethode genutzt, um saisonale Produkte haltbar zu machen und das ganze Jahr über konsumieren zu können, beispielsweise bei Kohl (Sauerkraut) oder Zitronen (eingelegte Zitronen). Auf diese Weise konserviertes Gemüse und konservierte Früchte haben mit der Zeit große Bedeutung erlangt und sind unverzichtbare Bestandteile zahlreicher Gerichte.

OGÓRKI MAŁOSOLNE
OGÓRKI
MALINÓWKA POLSKA
9 50
OGÓRKI GRUNT.
6 00

Russische Malossols

Dieses Rezept konnte ich nicht weglassen, weil mein Vater total verrückt nach diesen Gurken ist. Natürlich gibt es auch andere Versionen davon. Für etwas säurebetontere Dillgurken beispielsweise, wie man sie in New Yorker Delis kriegt, können Sie den Estragon durch Dill ersetzen und Zucker und Wein weglassen.

Ergibt 2 große Gläser • Zubereitungszeit: 10 Minuten
Garzeit: 10 Minuten • Ruhezeit: 10 Stunden plus 15 Tage

Zutaten

- 12 kleine Einlegegurken
- 2 EL grobes Salz
- 5 frische Stängel Estragon
- 2 EL Senfkörner
- 2 EL Koriandersamen
- 2 EL schwarze Pfefferkörner
- 500 ml heller Essig
- 250 ml Weißwein (Chardonnay)
- 90 g Zucker

Die Gurken waschen und trocken tupfen. In eine große hitzebeständige Schüssel geben.

Das Salz mit 1,75 Liter Wasser in einen großen Topf geben und kochen, bis sich das Salz vollständig aufgelöst hat. Das heiße Salzwasser über die Gurken gießen und 10 Stunden bei Zimmertemperatur ziehen lassen.

Das Salzwasser abgießen. Die Gurken trocken tupfen und dicht in sterilisierte Einmachgläser füllen. Estragon, Senfkörner, Koriandersamen und Pfefferkörner zufügen.

Essig, Weißwein und Zucker mit 250 Millilitern Wasser in einem Topf aufkochen und die Gurken damit übergießen. Erkalten lassen, dann die Gläser fest verschließen.

Vor dem Servieren 15 Tage ziehen lassen.

Sauerkraut

Ergibt 2 mittelgroße Gläser • Zubereitungszeit: 20 Minuten
Ruhezeit: 3–4 Tage plus 2 Monate

Zutaten

- 500 g Weißkohl
- 10 g grobes Meersalz

Den Kohl waschen, den Strunk herausschneiden und die Kohlblätter fein hobeln. Die Kohlstreifen mit dem Salz in eine Schüssel geben, stampfen oder mit den Händen kneten, bis der Kohl zur Hälfte des Volumens zusammengefallen und der Schüsselboden mit Flüssigkeit bedeckt ist. Das ist notwendig, damit so viel Zellsaft wie möglich austritt.

Den Kohl samt Flüssigkeit in ein großes, dicht schließendes Einmachglas geben. Mit der Faust nach unten drücken, sodass der Kohl vollständig mit Flüssigkeit bedeckt ist. Mit einem sterilisierten oder in Frischhaltefolie geschlagenen Gewicht beschweren – beispielsweise eine volle Konservendose, fixiert mit Frischhaltefolie, damit sie bei der beginnenden Fermentation nicht nach oben gedrückt wird.

Das Gefäß offen, aber vor Staub, sonstigen Verschmutzungen und Zugluft geschützt 3–4 Tage stehen lassen. Täglich etwas Kraut probieren, um den Fermentations- und Säuerungsgrad zu prüfen. Sobald Sie mit dem Säuregehalt zufrieden sind, das Gefäß schließen und an einem kühlen, dunklen Ort mehrere Monate lagern und weiter fermentieren lassen.

Ich empfehle, das Sauerkraut mindestens 2 Monate reifen zu lassen. Danach kann es nach Wunsch in zwei mittelgroße Gläser umgefüllt werden.

Eingelegte Zitronen

Ergibt 3 große Gläser • Zubereitungszeit: 15 Minuten
Ruhezeit: 24 Stunden plus 1 Monat

Zutaten

- 12 Bio-Zitronen
- grobes Salz

Die Zitronen heiß abspülen und trocknen. Viermal bis auf ½ Zentimeter in der Mitte längs tief einschneiden.

Die Einschnitte gut mit Salz füllen und wieder zusammendrücken. Bis zu 4 Zitronen in jedes Glas füllen. Je mit etwa 2 Teelöffeln Salz bestreuen. Die Gläser schließen und 24 Stunden stehen lassen.

Prüfen, wie viel Wasser die Zitronen gezogen haben. Mit den Fingern die Zitronen nach unten drücken. Bis zum Glasrand mit Wasser auffüllen, sodass eine Salzlake entsteht. Die Gläser schließen und an einen dunklen Ort stellen.

Die Zitronen mindestens 1 Monat ziehen lassen, ehe man sie serviert, und die Gläser immer wieder bewegen, damit sich Wasser, Salz und Zitronensaft gut mischen.

HARISSA UND CHRAIN

Harissa und Chrain sind zwei beliebte Würzpasten. Harissa besteht im Wesentlichen aus roten Chilis und Gewürzen und ist im Maghreb ein Universalgewürz, mit dem fast alles – vom Sandwich bis zu Couscous – verfeinert wird. Chrain hingegen wird aus Meerrettich, manchmal zusätzlich auch mit Roter Bete, zubereitet und ebenfalls für fast alle Gerichte verwendet, wenngleich ich dazu eine ganz persönliche Theorie habe: Ich meine nämlich, dass Chrain sehr oft dazu verwendet wird, um die vielen eher faden Gerichte der aschkenasischen jüdischen Küche aufzupeppen oder deren Geschmack, der, sagen wir, etwas speziell ist, zu überdecken. Um Ihnen ein Beispiel zu geben: Als ich klein war, habe ich fast ein ganzes Glas Chrain verbraucht, wenn man mir einen Teller Gefilte Fisch vorgesetzt hat.

Chrain (Meerrettichpaste)

Ergibt 2 kleine Gläser (pur) oder 5 kleine Gläser Rote-Bete-Chrain
Zubereitungszeit: 10 Minuten

Zutaten

- 250 g frischer Meerrettich
- 5 g Zucker
- 100 ml Branntwein- oder Zitronenessig
- 1 Prise Salz
- 450 g Rote Bete, geschält und gegart (nur für den Rote-Bete-Chrain)

Den Meerrettich fein reiben und in einer Schüssel mit Zucker, Essig und Salz verrühren.

Für die Variante mit Roter Bete die Beten fein reiben und sorgfältig mit der Meerrettichmischung vermengen.

In die Gläser füllen und gut verschließen.

Chrain hält sich bis zu 1 Monat im Kühlschrank.

Harissa

Ergibt 1 großes Glas • Zubereitungszeit: 20 Minuten
Garzeit: 3 Minuten

Zutaten

- 500 g rote Chilis
- 2 Knoblauchzehen
- ½ TL Tomatenmark
- 1 TL weißer Essig
- 100 ml Olivenöl plus etwas mehr zum Konservieren
- Salz

Die Chilis in einen Topf mit Wasser geben und 3 Minuten kochen. Das Wasser abgießen. Die Chilis trocken tupfen, aufschneiden und entkernen. Die Knoblauchzehen schälen und halbieren.

Alle Zutaten außer Salz in den Standmixer geben und glatt pürieren. Mit Salz abschmecken.

Die Paste in ein Schraubglas füllen, mit einer Schicht Olivenöl abdecken, damit sie nicht austrocknet und konserviert wird. Die Paste hält sich mehrere Wochen im Kühlschrank.

Tahini

Tahini ist eine Sesampaste, die die Grundlage für sehr viele nahöstliche Gerichte wie Saucen oder Vorspeisen bildet, beispielsweise Hummus. Wie Sie feststellen werden, lässt sie sich auch zu Hause ganz einfach zubereiten und hält sich in einem fest verschlossenen Schraubglas bis zu drei Monate im Kühlschrank. Nach Belieben können Sie die Paste mit Gewürzen oder Würzmitteln wie Harissa geschmacklich variieren.

Ergibt 1 mittelgroßes Glas • Zubereitungszeit: 10 Minuten
Garzeit: 5 Minuten • Ruhezeit: 20 Minuten

Zutaten

- 200 g weiße Sesamsaat
- 12 EL Olivenöl

Für die weiße Tahinisauce:

- 4 EL Tahini
- 6 EL Zitronensaft
- 1 Prise Knoblauchpulver
- 1 Prise Zatar

Den Backofen auf 250 °C vorheizen. Den Sesam auf einem Backblech verteilen und unter gelegentlichem Wenden etwa 5 Minuten im heißen Ofen rösten, sodass er eine goldbraune Farbe annimmt, aber nicht zu stark geröstet wird.

Den Sesam etwa 20 Minuten abkühlen lassen.

Den Sesam mit dem Olivenöl im Standmixer zu einer glatten Paste verarbeiten. Wenn die Paste zu fest ist, mit etwas Wasser verdünnen. Das Tahini in ein Schraubglas füllen, gut verschließen und im Kühlschrank aufbewahren.

Weiße Tahinisauce

Alle Zutaten in einer kleinen Schüssel mit 1 Teelöffel Wasser glatt rühren. Die Menge der flüssigen Zutaten sollte genau eingehalten werden, denn bei zu viel Flüssigkeit kann es passieren, dass sich das Öl im Tahini absetzt.

Die weiße Tahinisauce kann nach Belieben mit Gewürzen, Knoblauch, Zitronenabrieb oder auch Tomatenmark verfeinert werden. Serviert wird sie gerne mit Olivenöl beträufelt, mit Paprikapulver bestäubt und mit Kräutern garniert.

Eingelegtes Gemüse

Ergibt 4 mittelgroße Gläser • Zubereitungszeit: 15 Minuten
Garzeit: 5 Minuten • Ruhezeit: 15 Tage

Zutaten

- ½ Blumenkohl
- 1 Fenchelknolle
- 3 Karotten
- 10 grüne Guindilla-Chilis
- 4 Lorbeerblätter
- 700 ml Zitronenessig
- 50 g Zucker
- 2 EL Koriandersamen
- 2 EL Senfkörner

Den Blumenkohl waschen, trocken tupfen und in Röschen teilen. Den Fenchel waschen, trocken tupfen und in feine Streifen schneiden. Die Karotten schälen und in Scheiben schneiden. Die Chilis waschen und trocken tupfen.

Das Gemüse möglichst gleichmäßig verteilt dicht in die Gläser schichten und je 1 Lorbeerblatt dazugeben.

Essig, Zucker und Gewürze in einen Topf geben und zum Kochen bringen. Die Essigmischung noch heiß in die Gläser füllen.

Die Gläser sofort verschließen und für eine schnelle Sterilisierung auf den Kopf stellen.

Das Gemüse vor dem Servieren mindestens 15 Tage an einem dunklen Ort ziehen lassen. Auch anderes Gemüse wie Paprika oder kleine Gurken kann entsprechend eingelegt werden.

Torshi

Ergibt 3 mittelgroße Gläser • Zubereitungszeit: 25 Minuten
Garzeit: 5 Minuten • Ruhezeit: 15 Tage

Zutaten

- ¼ Blumenkohl
- 4 Steckrüben
- ½ Aubergine
- 2 Knoblauchzehen
- 2 Karotten
- 10 grüne Guindillas-Chilis
- ½ Selleriestange
- ½ Bund Koriander
- 700 ml Zitronenessig
- 50 g Zucker
- 1 EL Koriandersamen
- 1 TL Fenchelsamen
- 1 TL gemahlene Kurkuma

Den Blumenkohl waschen und in Röschen teilen. Die Steckrüben schälen und vierteln. Die Aubergine waschen, trocken tupfen und in kleine Stücke schneiden. Die Knoblauchzehen schälen. Die Karotten schälen und in Scheiben schneiden. Die Chilis waschen und trocken tupfen. Den Sellerie waschen, trocken tupfen und in feine Scheiben schneiden. Den frischen Koriander waschen, trocken schleudern und grob hacken. Gemüse und Kräuter sollten möglichst trocken sein, damit der Fermentationsprozess nicht beeinträchtigt wird.

Das vorbereitete Gemüse möglichst gleichmäßig verteilt dicht in die Gläser schichten.

Frischen Koriander, Essig, Zucker, Koriander- und Fenchelsamen sowie Kurkuma in einen Topf geben und zum Kochen bringen. Die Essigmischung noch heiß in die Gläser füllen.

Die Gläser sofort verschließen und für eine schnelle Sterilisierung auf den Kopf stellen.

Das Gemüse vor dem Servieren mindestens 15 Tage an einem dunklen Ort ziehen lassen.

OIGNONS

Baharat-Gewürzmischung

Diese Gewürzmischung ist aus der israelischen Küche nicht wegzudenken. Baharat verleiht allen Speisen ein würzig-warmes Aroma.

Zutaten

- 15 g gemahlener Kardamom
- 15 g gemahlener Ingwer
- 15 g gemahlener schwarzer Pfeffer
- 15 g Zimtpulver
- 7,5 g Quatre-épice (französisches Viergewürz; alternativ gemahlener Piment)
- 7,5 g frisch geriebene Muskatnuss

Ergibt 75 Gramm Gewürzmischung
Zubereitungszeit: 5 Minuten

Alle Gewürze in einer Schale sorgfältig mischen und in einen luftdicht schließenden Behälter füllen.

Ambasauce

Diese Sauce ist eine Art flüssiges Mango-Chutney und wird in israelischen Imbissbuden zu Sandwiches wie Sabich oder zu Falafeln und Meorav Yerushalmi gereicht.

Zutaten

- 1 Limette
- 1 vollreife Mango
- 2 TL Currypulver
- 1 Prise Chilipulver
- Salz

Ergibt 1 mittelgroßes Glas
Zubereitungszeit: 10 Minuten • Garzeit: 30 Minuten

Die Limette auspressen.

Die Mango schälen, würfeln und glatt pürieren. Das Mangopüree mit Limettensaft, Currypulver, Chili und 200 Millilitern Wasser in einen Topf geben und salzen. Bei mittlerer Hitze etwa 30 Minuten auf gut drei Viertel einkochen.

Die Sauce erkalten lassen und in ein Schraubglas füllen. Sie hält sich mehrere Tage im Kühlschrank.

Zhoug

Zhoug ist eine Würzpaste für Fleischgerichte, Salate oder Sandwiches. Ich habe sie zum ersten Mal zu Jachnun, eine jemenitisch-jüdische Spezialität (siehe Seite 190), probiert.

Zutaten

- 1 Bund Koriander
- ½ Bund glatte Petersilie
- 1 Knoblauchzehe
- 2 kleine grüne Chilis (oder 3–4 Chilis, wenn es schärfer sein soll)
- 2 EL Olivenöl
- 1 Prise gemahlener Kreuzkümmel
- 1 Prise Salz

Ergibt 1 kleines Glas
Zubereitungszeit: 5 Minuten

Koriander und Petersilie waschen, trocken schütteln und die Blätter abzupfen. Die Knoblauchzehe schälen und grob hacken. Die Chilis waschen und grob hacken.

Kräuter, Knoblauch und Chilis mit Olivenöl, Kreuzkümmel und Salz in den Standmixer geben und bis zur gewünschten Konsistenz mixen. Manche bevorzugen eine relativ grobe Paste, andere eine ganz glatte.

Chermoula

Chermoula ist eine Würzsauce, die im Maghreb zum Marinieren von Fleisch oder Fisch, aber auch zum Verfeinern von Salaten genutzt wird.

Zutaten

- 4 Knoblauchzehen
- 1 Zitrone
- 1 Bund glatte Petersilie
- ¼ TL Harissa (siehe Seite 34)
- ½ TL gemahlener Kreuzkümmel
- ½ TL Paprikapulver
- 2 EL Olivenöl

Für 4 Personen (für 4 Hähnchenbrust- oder Fischfilets)
Zubereitungszeit: 10 Minuten

Die Knoblauchzehen schälen und zerdrücken. Die Zitrone auspressen. Die Petersilie waschen und trocken schleudern.

Petersilie, Zitronensaft und Knoblauchzehen mit Harissa, Kreuzkümmel, Paprikapulver und Olivenöl im Standmixer zu einer dickflüssigen Paste verarbeiten.

VORSPEISEN

Hühnerleberpaste

Diese Vorspeise kenne ich schon mein Leben lang von zu Hause. Sie gehört zu meinen ältesten kulinarischen Erinnerungen, und seit meiner Kindheit habe ich eine Art Ritual, gehackte Leber zu essen: Ich mache mir aus zwei Scheiben Matzenbrot und einer Portion Hühnerleberpaste ein Sandwich.

Für 4 Personen • Zubereitungszeit: 20 Minuten
Garzeit: 25 Minuten

Zutaten

- 4 Eier
- 2 mittelgroße Zwiebeln
- 1 Knoblauchzehe
- 50 g Hühnerfett oder -haut
- 450 g Hühnerlebern
- Salz und Pfeffer

Die Eier in einem Topf mit kochendem Wasser 10 Minuten hart kochen. Unter fließend kaltem Wasser abschrecken und schälen Die Eier halbieren, die Eigelbe herauslösen und anderweitig verwenden. Die Eiweiße beiseitelegen.

Die Zwiebeln schälen und grob hacken. Den Knoblauch ebenfalls schälen. Das Hühnerfett oder die -haut grob hacken und in einer Pfanne auslassen.

Die Hühnerlebern säubern und abspülen. Möglichst gut trocken tupfen und im heißen Fett braten, bis sie möglichst viel Wasser und Blut abgegeben haben.

Die gesäuberten Hühnerlebern mit Eiweißhälften, Zwiebeln, Knoblauch und Fett durch den Fleischwolf drehen und mit Salz und Pfeffer abschmecken.

DISHES
NOSHES
HERRING PLATE | 20
AN ASSORTMENT OF RUSS & DAUGHTERS HERRING
FILLET OF PICKLED HERRING | 7
CREAM SAUCE & PICKLED ONIONS, SIDE OF
PUMPERNICKEL BREAD
10 GRAMS OF AMERICAN, PADDLEFISH & HACKLEBACK
SMOKED WHITEFISH, AVOCADO, EGG, BEETS,
APPLE, MATZO, BUTTERMILK DRESSING
"A moltsayt on a tsimes iz vi a mayse on a moshl."
A meal without a sweet dish is like a story without a moral. -Yiddish idiom
BLINTZES | 8
FRUIT COMPOTE, SOUR CREAM
BABKA FRENCH TOAST | 10
CHOCOLATE BABKA, SOUR CREAM, BERRIES
NOODLE KUGEL | 7
FARMER CHEESE, RAISINS, EGG NOODLES
CHALLAH BREAD PUDDING | 9
DRIED APRICOTS, CARAMEL SAUCE
HALVAH ICE CREAM | 8
HALVAH, SESAME, SALTED CARAMEL
HONEY CAKE | 9
CARAMELIZED APPLE ICE CREAM

Eier mit Zwiebeln

Diese Version des Gerichts ist die traditionellste überhaupt. Meine Mutter peppt dieses aschkenasische Rezept durch die Zugabe von Kapern oder grob gehackten Essiggurken auf, was sehr gut passt, da diese Zutaten den Eiern eine feinsäuerliche Note verleihen.

Für 4 Personen • Zubereitungszeit: 15 Minuten
Garzeit: 10 Minuten

Zutaten

- 8 Eier
- 8 mittelgroße Zwiebeln
- 4 EL Sonnenblumenöl
- 2 EL Weinessig
- Salz und Pfeffer

Die Eier in einem Topf mit kochendem Wasser 10 Minuten hart kochen.

Unter fließend kaltem Wasser abschrecken und erkalten lassen.

Die Eier schälen und grob hacken. In eine Schüssel geben und mit einer Gabel zerdrücken. Kalt stellen.

Die Zwiebeln schälen und fein hacken. Unter die Eier mischen. Sonnenblumenöl und Essig unterrühren. Mit Salz und Pfeffer nach Belieben abschmecken.

Pierogi

Diese Teigtaschen, auch Piroggen genannt, sind ein traditionelles Gericht aus der polnischen Küche. Häufig sind sie mit einer Quarkmasse gefüllt und können sowohl herzhaft (mit Röstzwiebeln garniert) als auch süß (mit Puderzucker bestäubt) serviert werden.

Für 4 Personen, ergibt etwa 30 Pierogi • Zubereitungszeit: 30 Minuten
Garzeit: 15 Minuten • Ruhezeit: 30 Minuten

Zutaten

- 320 g Mehl
- 1 TL Salz
- 1 Ei
- 50 g Crème fraîche

Teig

Mehl und Salz in die Schüssel der Küchenmaschine geben, eine Vertiefung in die Mitte drücken und Ei, Crème fraîche sowie 100 Milliliter kaltes Wasser hineingeben. Auf mittlerer Stufe mit dem Knethaken 10 Minuten zu einem glatten Teig verarbeiten. Den Teig in Frischhaltefolie einschlagen und bei Zimmertemperatur vor Zugluft geschützt 30 Minuten ruhen lassen.

Zutaten

- 200 g Kartoffeln
- Salz
- 2 Prisen Majoran oder Thymian
- Pfeffer
- 100 g Sauerkraut (siehe Seite 26)

Kartoffel-Sauerkraut-Füllung

Die Kartoffeln schälen, klein würfeln und 20 Minuten in kochendem Salzwasser weich garen. In ein Sieb abgießen, abtropfen und erkalten lassen. Die Kartoffeln in eine Schüssel geben und mit einer Gabel zerdrücken. Majoran oder Thymian untermischen und mit Pfeffer würzen. Nicht salzen, da das Sauerkraut schon Salz enthält.

Das Sauerkraut hacken und unter die Kartoffeln mischen.

Bitte umblättern

Champignon-Zwiebel-Füllung

Zutaten

- 200 g Champignons
- 1 große Zwiebel
- Öl
- Salz und Pfeffer
- 100 g Frischkäse

Die Champignons putzen und grob hacken.

Die Zwiebel schälen und fein hacken. Etwas Öl in einer Pfanne erhitzen und die Zwiebel darin goldgelb braten. Die Pilze zufügen und anbraten, bis sie Wasser gezogen haben und die Flüssigkeit verdampft ist. Die Mischung in eine Schüssel geben und einige Minuten abkühlen lassen. Salzen und pfeffern.

Den Frischkäse unter die Pilzmischung rühren.

Kirsch-Käse-Füllung

Zutaten

- 200 g Kirschen
- 100 g Frischkäse
- 50 g Zucker

Die Kirschen waschen, entsteinen und vierteln.

Frischkäse und Zucker sorgfältig glatt rühren und mit den Kirschen vermengen.

Zutaten

Für die Fertigstellung:

- Mehl zum Bestäuben
- 1 Zwiebel
- evtl. Öl zum Braten

Fertigstellung der Pierogi

Die Arbeitsfläche mit Mehl bestäuben. Den Teig, gegebenenfalls portionsweise, mit einem Teigroller etwa 2 Millimeter dick ausrollen und mithilfe eines Glases Kreise ausstechen. Die Teigreste immer wieder zusammenkneten, erneut ausrollen und Kreise daraus ausstechen.

Je einen knappen Teelöffel Füllung Ihrer Wahl in die Mitte der Teigkreise setzen. Die Teigränder mit Wasser befeuchten und die Teigkreise zusammenklappen. Die Ränder zusammendrücken und einschlagen. Nicht zu viel Füllung verwenden, sonst lassen sich die Pierogi nicht mehr gut verschließen.

Die Pierogi portionsweise in einen Topf mit siedendem Wasser geben und 3–4 Minuten gar ziehen lassen, bis sie an die Oberfläche steigen.

Wenn die Pierogi mit herzhafter Füllung auf traditionelle Art serviert werden sollen, die Zwiebel schälen und fein hacken. Etwas Öl in einer Pfanne erhitzen und die Zwiebel darin goldbraun anbraten. Die Pierogi damit überziehen.

Alternativ können die Pierogi auch in der Pfanne gebraten werden. Das ist zwar nicht sehr üblich, ich mag es aber sehr gern.

Wie beschrieben die Pierogi 3–4 Minuten im heißen Wasser gar ziehen lassen. Abtropfen lassen, dann trocken tupfen. Reichlich Öl in einer Pfanne erhitzen und die Pierogi darin von beiden Seiten schön goldbraun anbraten. Etwas Wasser zugießen, sofort den Deckel aufsetzen und 2–3 Minuten garen. Nicht zu viel Wasser zufügen, sonst weicht die braune Kruste wieder auf.

Piroschki

Piroschki sind kleine Teigtaschen aus Russland, für die wir hier drei Füllungen vorstellen. Die besten, die ich kenne, macht Christiane, eine Freundin meiner Mutter.

Zubereitungszeit: 30 Minuten • Garzeit: 20 Minuten (plus evtl. Garzeit für die Füllung)
Ruhezeit: 1 Stunde

Zutaten

Für den Teig:

- siehe Zutaten Seite 294
- Mehl zum Bestäuben
- 1 Ei, verquirlt zum Bestreichen

Teig

Den Teig, wie auf Seite 294 beschrieben, zubereiten und 1 Stunde bei Zimmertemperatur gehen lassen.

Zutaten

- 1 Bio-Zitrone
- 250 g frisches Lachsfilet
- Olivenöl
- Salz und Pfeffer
- 1 Bund Dill
- 70 g Frischkäse

Lachs-Frischkäse-Füllung

Garzeit: 15 Minuten

Den Backofen auf 200 °C vorheizen. Die Hälfte der Zitrone in feine Scheiben schneiden. Den Lachs auf ein Backblech setzen. Mit den Zitronenscheiben belegen und mit 1 Spritzer Olivenöl beträufeln. Mit Salz und Pfeffer würzen. Im vorgeheizten Backofen 15 Minuten garen.

Das Lachsfilet abkühlen lassen.

Den Dill waschen und fein hacken. Die restliche Zitronenhälfte auspressen. Dill, Zitronensaft und Frischkäse in einer Schüssel verrühren. Den Lachs zerteilen, mit der Frischkäsemasse vermengen und mit Salz und Pfeffer würzen. Kalt stellen.

Bitte umblättern

Zutaten

- 2 konfierte Entenkeulen aus der Dose
- ½ Karotte
- ½ Selleriestange (die obere Hälfte mit Grün)
- 1 Apfel, z.B. Pink Lady
- 1 Stückchen Butter
- 2 EL Ahornsirup
- Salz und Pfeffer

Enten-Apfel-Füllung

Garzeit: 2 ½ Stunden

Das Entenconfit in einem Topf im eigenen Fett etwa 1 ½ Stunden auf mittlerer Stufe garen.

Die Karotte schälen und klein würfeln. Den Sellerie waschen und samt Grün fein hacken.

Die Entenkeulen trocken tupfen und in einer Pfanne 5 Minuten bei starker Hitze anbräunen. Karotten- und Selleriewürfel sowie Selleriegrün zufügen und 2–3 Minuten bei mittlerer Hitze anbraten. Mit so viel Wasser ablöschen, dass die Keulen knapp bedeckt sind, und 45 Minuten bei mittlerer Hitze garen. Abkühlen lassen, dann das Entenfleisch zerkleinern.

Den Apfel schälen, entkernen und klein würfeln. Die Butter in einer Pfanne zerlassen. Die Apfelwürfel mit dem Ahornsirup darin dünsten, bis sie schön karamellisiert sind.

Fleisch und Apfelwürfel in einer Schüssel mischen. Mit Salz und Pfeffer abschmecken.

Zutaten

- 80 g Mohnsaat
- 200 g Frischkäse
- 4 EL Zucker

Mohn-Frischkäse-Füllung

Alle Zutaten in einer Schüssel mit einer Gabel glatt rühren.

Fertigstellung der Piroschki

Den Backofen auf 200 °C vorheizen.

Die Arbeitsfläche mit Mehl bestäuben. Den Teig, gegebenenfalls portionsweise, mit einem Teigroller etwa 2 Millimeter dick ausrollen und mithilfe eines Glases Kreise ausstechen. Die Teigreste immer wieder zusammenkneten, erneut ausrollen und Kreise daraus ausstechen.

Je einen knappen Teelöffel Füllung in die Mitte der Teigkreise setzen. Die Teigränder mit Wasser befeuchten und die Teigkreise zusammenklappen. Die Ränder mit den Fingern oder einer Gabel zusammendrücken. Nicht zu viel Füllung pro Piroschki verwenden, sonst lassen sie sich nicht mehr gut verschließen. Die Piroschki mit verquirltem Ei bestreichen. Nach Wunsch können Sie mit Sesam-, Kümmel- oder Mohnsamen bestreut werden.

Die Piroschki auf ein mit Backpapier ausgelegtes Backblech setzen und etwa 20 Minuten im vorgeheizten Ofen goldbraun backen. Nach Wunsch können Sie mit Sesam-, Kümmel- oder Mohnsamen bestreut werden.

HERING

Hering ist ein Kaltwasserfisch, der noch heute in der Ostsee vor der polnischen, baltischen und russischen Küste gefangen wird. Und so gibt es auch in der aschkenasischen Küche viele Rezepte mit Hering, von denen ich hier zwei Zubereitungsarten vorstellen möchte: als Salat, der entweder pur gegessen oder mit Roggenbrot gereicht wird, und den berühmten eingelegten Hering, der sich über längere Zeit hält. Eingelegter (oder geräucherter) Hering wird traditionell mit Salzkartoffeln, saurer Sahne oder Crème fraîche, aber auch manchmal mit Bagels serviert.

Herring Fillets
Filetes de Arenque

Eingelegter Hering

Ergibt 1 großes Glas (500 ml) • Einweichzeit: über Nacht
Zubereitungszeit: 15 Minuten • Ruhezeit: 2 Tage

Zutaten

- 8 frische Heringsfilets
- 500 ml Milch
- 1 große Zwiebel
- 250 ml weißer Essig
- 1 TL Zucker
- 2 TL Koriandersamen
- 2 Lorbeerblätter

Die Heringsfilets in eine flache Form geben. Mit der Milch übergießen und über Nacht ziehen lassen. Dann die Fischfilets kurz abspülen und trocken tupfen. Die Milch entsorgen.

Die Zwiebel schälen und in feine Ringe schneiden. Die Heringsfilets in mundgerechte Stücke schneiden, in ein 500-Milliliter-Glas füllen und die Zwiebelringe darauf verteilen.

Den Essig mit Zucker, Koriandersamen, Lorbeerblättern und 50 Millilitern Wasser in einem Topf zum Kochen bringen.

Den Sud über die Heringe in das Glas gießen und erkalten lassen. Das Glas fest verschließen und die Heringe vor dem Servieren 2 Tage ziehen lassen.

Heringssalat

Ergibt 4 Personen • Zubereitungszeit: 15 Minuten
Ruhezeit: 30 Minuten

Zutaten

- 1 große gegarte Rote Bete
- 3 große Essiggurken (siehe Malossols, Seite 24)
- 1 große Zwiebel
- 8 eingelegte Heringsfilets
- 1 Bund Dill
- 300 g Crème fraîche
- 1 TL weißer Essig
- Salz und Pfeffer

Die Rote Bete bei Bedarf schälen und raspeln. Die Essiggurken ebenfalls raspeln. Die Zwiebel schälen und in feine Ringe schneiden. Die Heringsfilets in mundgerechte Stücke schneiden. Den Dill waschen, trocken schütteln und fein hacken.

Crème fraîche, Essig und Dill in einer Schüssel verrühren. Mit Salz und Pfeffer würzen. Rote Bete und Essiggurken untermischen. Heringsstücke und Zwiebelringe vorsichtig unterheben. Bis zum Servieren mindestens 30 Minuten im Kühlschrank ziehen lassen.

Tarama

Dieses Rezept ist wirklich kinderleicht und macht sich sehr gut als Belag zu hausgemachten Blini (siehe Seite 288).

Für 4 Personen • Zubereitungszeit: 10 Minuten
Kühlzeit: 30 Minuten

Zutaten

- 4 Scheiben Toastbrot
- 300 g Dorschrogen
- 1 Prise geräuchertes Paprikapulver
- 200 ml Sonnenblumenöl
- 2 EL Zitronensaft
- Salz und Pfeffer

Die Brotscheiben in große Stücke schneiden und in eine Schüssel geben. Mit etwas Wasser besprengen. Die Brotstücke sollten befeuchtet, aber nicht getränkt sein. Von Hand ausdrücken.

Den Dorschrogen direkt aus dem Kühlschrank in den Standmixer geben. Brotstücke und Paprikapulver zufügen und auf mittlerer Stufe mixen. Bei laufendem Motor das Öl in einem dünnen Strahl zugießen, fast wie bei der Herstellung einer Mayonnaise.

Den Zitronensaft einarbeiten und die Creme mit Salz und Pfeffer abschmecken. Bis zum Servieren 30 Minuten kalt stellen.

KEMIAS

Eine sephardische Tafel wäre nichts ohne Kemias! Diese kleinen Salate haben ihren festen Platz bei einem Mahl: Sie eröffnen sozusagen den Abend, denn sie werden als kleine Gaumenfreuden noch vor der Vorspeise serviert. Traditionell nimmt man sich von allen angebotenen Kemias ein Gäbelchen voll. Man kann Kemias auch zum Aperitif servieren. Im Folgenden finden Sie neben klassischen Rezepten auch einige persönliche Variationen.

Karottensalat mit Kreuzkümmel

Für 8 Personen • Zubereitungszeit: 10 Minuten
Garzeit: 15 Minuten

Zutaten

- 750 g Karotten
- ½ Bund glatte Petersilie
- ½ Bund Koriander
- 2 Knoblauchzehen
- 50 ml Olivenöl
- 20 ml Weinessig
- ½ TL Kreuzkümmelsamen
- Salz und Pfeffer

Die Karotten schälen, je nach Dicke längs halbieren oder vierteln und in feine Stücke schneiden. Wasser in einem Topf zum Kochen bringen und die Karotten darin knapp 15 Minuten gar kochen. Zwischendurch zur Garprobe mit einer Messerspitze einstechen.

Das Wasser abgießen. Die Karotten abtropfen und erkalten lassen.

Die Kräuter fein hacken. Die Knoblauchzehen schälen und zerdrücken. Mit den Kräutern vermengen.

Die Karotten in eine Schüssel geben und mit Knoblauchkräutern, Olivenöl, Essig und Kreuzkümmel vermengen. Mit Salz und Pfeffer abschmecken.

Tchoutchouka

In meiner Familie stehen alle total auf Tchoutchouka, auch Marmouma genannt. Wir essen diesen Salat mit Challa (siehe Seite 258). Das Aroma des süßen Hefebrotes ist eine sehr gute Ergänzung zu diesem Gemüsesalat. In Tunesien wird dieser Salat Méchouia genannt, etwas kürzer gegart und häufig mit Thunfischstücken und einigen Oliven garniert serviert.

Für 8 Personen • Zubereitungszeit: 15 Minuten
Garzeit: mindestens 2 Stunden • Ruhezeit: 30 Minuten

Zutaten

- 6 rote Paprika
- 4 grüne Paprika
- 3 Tomaten
- 2 Knoblauchzehen
- Olivenöl
- 1 Bund frischer Koriander
- Salz und Pfeffer

Paprika und Tomaten waschen und trocken tupfen. Dann aufschneiden, entkernen und in kleine Stücke schneiden. Meine Mutter zieht die Haut nicht ab, aber wenn Sie diese nicht gut verdauen können, sollten Sie Paprika und Tomaten vorher blanchieren und häuten. Die Knoblauchzehen schälen und zerdrücken. Mit Paprika und Tomaten in einen großen Topf geben. Mit reichlich Olivenöl beträufeln, aber keinesfalls Wasser dazugeben!

Bei niedriger Hitze sanft köcheln lassen, dabei häufig umrühren, damit das Gemüse sich nicht am Topfboden festsetzt. Der Garvorgang erfolgt in drei Phasen: Zunächst gibt das Gemüse nach und nach Wasser ab, in dem es sanft dünsten kann, ohne anzubrennen. Dann verdampft das Wasser langsam, und das Gemüse fällt leicht zusammen. Wenn das Wasser vollständig verdampft ist, die Hitze etwas reduzieren und das Gemüse weitergaren. Nicht mehr unbeaufsichtigt lassen und ständig vorsichtig rühren, damit es nicht anbrennt.

Das Gemüse abkühlen lassen, dann mindestens 30 Minuten im Kühlschrank ruhen lassen.

In der Zwischenzeit den Koriander waschen, trocken schütteln und die Blätter abzupfen. Vor dem Servieren das Gemüse mit Salz und Pfeffer abschmecken und mit Korianderblättern bestreuen.

Salat aus dicken Bohnen

Für 8 Personen • Zubereitungszeit: 30 Minuten
Garzeit: 3 Minuten

Zutaten

- 500 g gepalte dicke Bohnen
- 1 Zwiebel
- ½ Bund Koriander
- 1 EL Olivenöl
- 1 TL geräuchertes Paprikapulver
- 1 Prise gemahlener Kreuzkümmel
- Salz und Pfeffer

Die dicken Bohnen in einem Topf mit kochendem Wasser 3 Minuten blanchieren. Das Wasser abgießen und die Bohnen unter fließend kaltem Wasser abschrecken, um sie rasch abzukühlen und die grüne Farbe zu bewahren. Die Bohnen erkalten lassen, dann aus den Häuten drücken. In eine Schüssel geben und kalt stellen.

Die Zwiebel schälen und fein hacken. Den Koriander waschen, trocken schütteln und fein hacken. Beides unter die dicken Bohnen mischen.

Den Salat mit Olivenöl, Paprikapulver und Kreuzkümmel anmachen und mit Salz und Pfeffer abschmecken.

Bohnensalat mit eingelegten Zitronen und Zitronenmelisse

Meine überarbeitete Version des klassischen Kemia-Rezeptes.

Für 8 Personen • Zubereitungszeit: 30 Minuten
Garzeit: 3 Minuten

Zutaten

- 500 g gepalte dicke Bohnen
- 2 rote Zwiebeln
- 1 Bund Zitronenmelisse
- 4 eingelegte Zitronen (siehe Seite 28)
- 1 EL Olivenöl
- 1 EL japanische Ponzu-Sauce
- Salz und Pfeffer

Die dicken Bohnen in einem Topf mit kochendem Wasser 3 Minuten blanchieren. Das Wasser abgießen und die Bohnen unter fließend kaltem Wasser abschrecken, um sie rasch abzukühlen und die grüne Farbe zu bewahren. Die Bohnen erkalten lassen, dann aus den Häuten drücken. In eine Schüssel geben und kalt stellen.

Die Zwiebeln schälen und fein hacken. Die Zitronenmelisse waschen, trocken schütteln und fein hacken. Die Zitronen in sehr kleine Würfelchen schneiden. Alles unter die dicken Bohnen mischen.

Den Salat mit Olivenöl und Ponzu-Sauce vermengen und mit Salz und Pfeffer abschmecken.

Orangensalat mit Oliven

Zutaten

- 5 Orangen
- ½ Bund glatte Petersilie
- 2 Knoblauchzehen
- 300 g entsteinte Kalamata-Oliven
- 1 EL Olivenöl
- Salz und Pfeffer

Für 4 Personen • Zubereitungszeit: 15 Minuten

Die Orangen großzügig schälen, vierteln und in Scheiben schneiden. In eine Schüssel geben.

Die Blätter von den Petersilienstängeln zupfen. Den Knoblauch schälen und zerdrücken. Die Oliven vierteln. Alles zu den Orangen geben. Das Olivenöl darüberträufeln und alles sorgfältig vermengen. Mit Salz und Pfeffer abschmecken.

Orangensalat mit Oliven und Granatäpfeln

Dies hier ist meine eigene, abgewandelte Variante des Orangensalats.

Zutaten

- 8 Blatt weiße Gelatine
- 4 Blutorangen
- 5 Orangen
- 1 Stück (1 cm) frische Ingwerwurzel
- ½ Granatapfel
- 300 g entsteinte Kalamata-Oliven
- 1 EL Olivenöl
- Salz und Pfeffer

Für 8 Personen
Zubereitungszeit: 20 Minuten • Kühlzeit: 1 Stunde

Die Gelatineblätter in kaltem Wasser einweichen.

Die Blutorangen auspressen und den Saft durch ein feines Sieb passieren. Den Blutorangensaft erhitzen und die ausgedrückten Gelatineblätter nacheinander darin unter Rühren auflösen. In eine kleine rechteckige Form füllen, abkühlen lassen und dann im Kühlschrank 1 Stunde oder auch etwas länger fest werden lassen.

Das Orangengelee auf ein Schneidebrett stürzen und in etwa 1 Zentimeter große Würfel schneiden. Die Orangen schälen, vierteln und in Scheiben schneiden. In eine Schüssel geben.

Den Ingwer schälen und reiben. Die Granatapfelkerne herauslösen. Die Oliven vierteln. Alles zu den Orangen in die Schüssel geben. Geleewürfel und Olivenöl unterheben. Mit Salz und Pfeffer abschmecken.

Fenchelsalat mit Anis

Zutaten

- 3 mittelgroße Fenchelknollen
- 4 EL Olivenöl
- 1 Prise Anissamen
- Saft von 1 Zitrone
- Salz und Pfeffer

Für 8 Personen • Zubereitungszeit: 15 Minuten
Garzeit: 2 Minuten

Das Fenchelgrün nach Wunsch von den Knollen abtrennen und fein hacken.

Den Fenchel putzen, waschen und in kleine Stücke schneiden. In einer Pfanne 2 Esslöffel Olivenöl erhitzen und die Fenchelstücke darin 2 Minuten braten, bis sie ganz leicht gebräunt sind. Auf Küchenpapier geben, abtropfen und erkalten lassen. Inzwischen die Anissamen zerstoßen.

Die Fenchelstücke in eine Schüssel geben und mit Anissamen, Zitronensaft und restlichem Olivenöl vermengen. Mit Salz und Pfeffer abschmecken. Nach Wunsch mit Fenchelgrün garnieren.

Fenchel-Kumquat-Salat mit Haselnüssen und Timut-Pfeffer

Dies ist meine Version des Fenchel-Kemia.

Zutaten

- 3 mittelgroße Fenchelknollen
- 50 g Haselnusskerne, geröstet
- 20 Kumquats
- 10 Timut-Pfefferkörner
- Saft von 1 Zitrone
- 2 EL Olivenöl
- Salz

Für 8 Personen • Zubereitungszeit: 10 Minuten

Den Fenchel putzen, waschen und in etwa 2 Zentimeter dicke Scheiben schneiden. Die Haselnüsse grob hacken.

Die Kumquats waschen, gegebenenfalls auch entkernen und in Scheiben schneiden. Die Pfefferkörner zerstoßen. Fenchel, Kumquats, Pfeffer und Haselnüsse in einer Schüssel mit Zitronensaft und Olivenöl vermengen. Mit Salz abschmecken.

Israelischer Salat und Fatoush

Für 4 Personen
Zubereitungszeit: 15 Minuten (plus 5 Minuten Garzeit für die Fatoush-Variante)

Zutaten

- 4 Tomaten
- 1 rote Paprika
- 1 rote Zwiebel
- 1 Salatgurke
- 1 Bund glatte Petersilie
- Saft von 1 Zitrone
- 3 EL Olivenöl
- Salz und Pfeffer
- 1 Prise Sumach

Israelischer Salat

Die Tomaten kreuzweise einschneiden und 30 Sekunden in kochendes Wasser tauchen, dann häuten. Halbieren, entkernen und das Fruchtfleisch in 5 Millimeter große Würfel schneiden.

Die Paprika waschen, entkernen und die Trennhäute herausschneiden. Die Paprika in 5 Millimeter große Würfel schneiden.

Die Zwiebel schälen und fein hacken. Die Gurke schälen, die Kerne herauslösen und in 5 Millimeter große Würfel schneiden. Die Petersilie fein hacken.

Tomaten, Paprika, Zwiebel, Gurke und Petersilie in einer Schüssel mit Zitronensaft und Olivenöl vermengen. Mit Salz und Pfeffer abschmecken. Mit dem Sumach bestreuen.

Zutaten

- 4 Pitabrote (siehe Seite 290)

Fatoush

Für die Fatoush-Variante die Pitabrote durchschneiden. Den Backofen auf 250 °C vorheizen. Die Brote auf ein Backblech legen und im heißen Ofen 5 Minuten rösten. Einige Minuten abkühlen lassen, dann in kleinere Stücke teilen. Auf den israelischen Salat legen.

Die gerösteten Pitabrote können auch zu Hummus oder Auberginenkaviar gereicht werden.

Banatages

Banatages sind eine Art mit Fleisch gefüllte dicke Kartoffelkroketten. Je nach Familientradition können sie flach und rechteckig sein oder die Form von kleinen Würsten haben. Wählen Sie eine der angegebenen Füllungen aus. Ich mag sie am liebsten mit etwas Harissa und Tchoutchouka (siehe Seite 34 und 70).

Für 4 Personen • Zubereitungszeit: 30 Minuten
Garzeit: 50 Minuten

Zutaten

- 700 g Kartoffeln
- Salz
- 100 g Mehl
- Sonnenblumenöl zum Braten

Hähnchenfüllung:

- 4 Hähnchenbrustfilets
- ½ Bund glatte Petersilie
- ½ Bund Koriander
- 1 Knoblauchzehe
- Salz und Pfeffer

Rindfleischfüllung:

- 2 Eier
- 1 Knoblauchzehe
- ½ Bund glatte Petersilie
- Sonnenblumenöl zum Braten
- 200 g Rinderhackfleisch
- 1 Prise geräuchertes Paprikapulver
- Salz und Pfeffer

Die Kartoffeln schälen und in Stücke schneiden. Bei mittlerer Hitze in einem Topf mit leicht gesalzenem Wasser 30 Minuten gar kochen. Abtropfen lassen und noch heiß zerstampfen. Das Püree sollte so trocken wie möglich sein; gegebenenfalls das Püree auf niedriger Stufe einige Minuten unter ständigem Rühren erhitzen, damit möglichst viel Wasser verdampft. Abkühlen lassen.

In der Zwischenzeit für die Hähnchenfüllung die Hähnchenbrustfilets durch den Fleischwolf drehen. Die Kräuter fein hacken. Den Knoblauch schälen und zerdrücken. Fleisch, Kräuter und Knoblauch in einer Schüssel vermengen und mit Salz und Pfeffer würzen.

Für die Rindfleischfüllung die Eier in einem Topf mit Wasser 10 Minuten hart kochen. Schälen und grob hacken. Den Knoblauch schälen und zerdrücken. Die Petersilie hacken. Etwas Öl in einer Pfanne erhitzen. Das Fleisch mit dem Knoblauch anbraten. Mit Paprikapulver, Salz und Pfeffer würzen. Die Hackfleischmischung in einer Schüssel mit Petersilie und Eiern vermengen.

Fertigstellung der Banatages

Das Mehl auf einen Teller streuen. Etwas Kartoffelpüree in der Handfläche zu einer Scheibe formen. Etwas Füllung nach Wahl in die Mitte setzen und die Kartoffelmasse um die Füllung verschließen. Die Banatages zu ovalen Kroketten formen, flach drücken und im Mehl wenden. Die Banatages entweder in der Pfanne in Öl goldbraun braten oder in der Fritteuse frittieren.

BRIKTEIG-TASCHEN

Diese Teigtaschen sind typisch für die sephardische Küche und werden zu jeder Gelegenheit gegessen, ob als Aperitif, als Vorspeise oder als Zwischenmahlzeit. In Tunesien beispielsweise bekommt man sie in sogenannten *ftiras*. In diesen Imbissläden werden neben Brikteig-Taschen auch Schmalzgebäck, Fricassés und manchmal auch Banatages verkauft, die je nach Tageszeit unterschiedliche Füllungen enthalten. So sind die Teigtaschen morgens eher mit Ei und gegen Mittag gern mit Thunfisch gefüllt. Teigtaschen, wie man sie in *ftiras* erhält, bestehen aus einem relativ weichen Teig; die Teigtaschen sind recht groß und werden außerdem nicht gefaltet. Sie erhalten ihre Form durch die Art, wie sie ins heiße Öl gegeben werden.

Brikteig-Taschen mit Fleisch und Kartoffeln

Für 4 Personen • Zubereitungszeit: 45 Minuten
Garzeit: bis zu 40 Minuten (je nach verwendeter Methode)

Zutaten

- 150 g mehligkochende Kartoffeln
- 1 Bund krause Petersilie
- 1 mittelgroße Zwiebel
- Sonnenblumen- oder Traubenkernöl zum Braten und Frittieren
- 250 g Rinderhackfleisch
- 2 EL Weinessig
- 1 Prise gemahlener Kreuzkümmel
- Salz und Pfeffer
- 2 Packungen Brikteig (20 Teigblätter)

Die Kartoffeln schälen und in Stücke schneiden. In einem Topf mit Wasser etwa 20 Minuten bei mittlerer Hitze gar kochen.

Das Wasser abgießen und die Kartoffeln ausdämpfen lassen. Noch heiß mit einem Kartoffelstampfer zerdrücken und abkühlen lassen. Falls das Püree noch zu feucht ist, bei mittlerer Hitze einige Minuten unter Rühren erhitzen, damit möglichst viel Wasser verdampft.

Inzwischen die Petersilie waschen, trocken schütteln und fein hacken. Die Zwiebel schälen und fein hacken. Etwas Öl in einer Pfanne erhitzen und die Zwiebel darin einige Minuten garen. Das Hackfleisch zugeben und unter ständigem Rühren anbräunen, dabei größere Klumpen zerdrücken. Den Essig zufügen und weitere 10 Minuten bei mittlerer Hitze garen.

Die Fleischmischung in eine Schüssel geben und abkühlen lassen. Kartoffelpüree, Petersilie und Kreuzkümmel untermischen, dann mit Salz und Pfeffer würzen.

Die Teigblätter wie auf Seite 88 beschrieben füllen und falten.

Zum Garen gibt es drei Möglichkeiten:

Fritteuse: Die Teigtaschen portionsweise in den Frittierkorb geben und ins heiße Öl tauchen. Bis zur gewünschten Bräunung frittieren.

Pfanne: So viel Öl in eine Pfanne gießen, dass der Boden bedeckt ist, und einige Minuten erhitzen. Die Teigtaschen darin portionsweise etwa 5 Minuten von jeder Seite bei mittlerer Hitze bis zur gewünschten Bräunung braten.

Ofen: Den Backofen auf 200 °C vorheizen. Die Teigtaschen auf ein mit Backpapier ausgelegtes Backblech legen, mit Öl bestreichen und etwa 20 Minuten backen.

Nach der Zubereitung in der Fritteuse oder der Pfanne die Teigtaschen auf Küchenpapier abtropfen lassen.

Brikteig-Taschen mit Thunfisch

Für 4 Personen • Zubereitungszeit: 45 Minuten
Garzeit: bis zu etwa 30 Minuten (je nach verwendeter Methode)

Zutaten

- 2 Zitronen
- 1 Bund glatte Petersilie
- 5 Eier
- 1 Dose Thunfisch im eigenen Saft (etwa 280 g)
- Salz und Pfeffer
- 2 Packungen Brikteig (20 Teigblätter)
- Sonnenblumen- oder Traubenkernöl zum Braten oder Frittieren

Die Zitronen auspressen. Die Petersilie waschen, trocken schütteln und fein hacken.

Die Eier in einem Topf mit Wasser etwa 10 Minuten hart kochen. Unter fließend kaltem Wasser abschrecken, schälen und grob hacken. In eine Schüssel geben und mit einer Gabel zerdrücken.

Den Thunfisch abtropfen lassen. Von Hand zerpflücken und über die Eier streuen. Alles mit der Gabel zerdrücken, sodass eine homogene Masse entsteht. Zitronensaft und Petersilie untermischen, dann mit Salz und Pfeffer würzen.

Die Teigtaschen wie auf Seite 88 beschrieben füllen und falten.

Zum Garen gibt es drei Möglichkeiten, wie sie auf Seite 84 beschrieben werden.

Bei der Zubereitung in der Fritteuse oder in der Pfanne die Teigtaschen auf Küchenpapier abtropfen lassen.

Brikteig-Taschen mit Ei

Teigtaschen mit Ei sind eine meiner liebsten Kindheitserinnerungen. Als ich klein war, habe ich sie jeden Mittwoch gegessen.

Für 4 Personen • Zubereitungszeit: 5 Minuten
Garzeit: 4 Minuten pro Teigtasche

Zutaten

- 8 Brikteigblätter
- 4 Eier
- Sonnenblumen- oder Traubenkernöl zum Braten
- Salz und Pfeffer

So viel Öl in eine Pfanne füllen, dass der Boden bedeckt ist, und einige Minuten erhitzen.

Zwei Teigblätter auf einer Arbeitsfläche aufeinanderlegen (so werden die Teigtaschen knuspriger als mit einem Teigblatt allein). Ein Ei aufschlagen und in die Mitte geben. Die Teigblätter sofort so darüberschlagen, dass eine Art Halbmond entsteht.

Die Teigtasche vorsichtig in die heiße Pfanne heben und etwa 2 Minuten von jeder Seite knusprig und goldbraun braten. Mit Salz und Pfeffer würzen. Mit den restlichen Teigblättern und Eiern ebenso verfahren. Nach Wunsch mit einem grünen Salat servieren.

Schritt für Schritt

Brikteig-Taschen

Schritt 1

Die Teigblätter halbieren, sodass zwei Halbkreise entstehen.

Schritt 2

Die beiden Seiten in die Mitte schlagen.

Schritt 3

Die gebogene Oberseite nach unten schlagen.

Schritt 4

Das so entstandene Quadrat diagonal falten, sodass ein Dreieck entsteht.

Schritt 5

Die fertig gefalteten Teigblätter beiseitelegen und leicht beschweren. Vor dem Frittieren die Dreiecke wieder entfalten und je 1 Teelöffel Füllung hineingeben. Die Teigtaschen auf die gleiche Weise wieder zu Dreiecken falten. An der rechtwinkligen Ecke fassen und einige Sekunden ins heiße Fett halten, damit die offenen Kanten durch das heiße Fett „verschweißt" werden (Achtung, nicht die Finger verbrennen!). Dann ganz ins heiße Frittierfett gleiten lassen und ausbacken.

Selbst gemachter Brikteig

Plötzlich Lust auf Teigtaschen mit Ei und kein Brikteig mehr im Kühlschrank? Kein Problem – Sie können Brikteig auch selbst herstellen. Allerdings muss ich gleich hinzufügen, dass selbst gemachte Brikteigblätter etwas Geschick, Erfahrung und Geduld erfordern. Das Geheimnis für ein gutes Gelingen liegt in der idealen Pfannentemperatur und der richtigen Dicke des Teiges. Die Teigblätter sollten nach der Zubereitung bald weiterverarbeitet werden, da sie sehr schnell austrocknen.

Für 4 Personen • Zubereitungszeit: 20 Minuten
Garzeit: etwa 5 Minuten

Zutaten

- 250 g Mehl
- 30 g sehr feiner Weichweizengrieß
- 1 Prise Salz
- Gewürze oder getrocknete Kräuter (nach Belieben)

Das Mehl in eine Schüssel sieben und 400 Milliliter Wasser mit einem Schneebesen einarbeiten. Grieß, Salz und, falls verwendet, Gewürze oder Kräuter unterrühren. Der Teig darf nicht zu fest, aber auch nicht zu flüssig sein.

Eine beschichtete Pfanne zunächst auf starker Stufe erhitzen. Sobald sie lauwarm ist, die Hitze auf niedrige Stufe reduzieren.

Mithilfe eines Küchenpinsels etwas Teig in zwei feinen Schichten ohne Lücken auf den lauwarmen Pfannenboden auftragen. Einige Sekunden trocknen lassen, bis das Teigblatt hell und glasig wird und sich am Rand zu lösen beginnt. Nicht zu lange trocknen, sonst wird der Teig brüchig. Das Teigblatt vorsichtig vom Pfannenboden lösen. Auf keinen Fall von der anderen Seite backen. Nur so bleibt das Teigblatt flexibel und faltbar.

Auf diese Weise fortfahren, bis der Teig aufgebraucht ist. Die fertigen Teigblätter immer mit Frischhaltefolie abdecken, damit sie nicht austrocknen.

Brikteig-Taschen wie in La Goulette

Bei meiner Reise nach La Goulette in Tunesien hätte ich stundenlang zusehen können, wie diese Teigtaschen hergestellt werden.

Für 4 Personen • Zubereitungszeit: 20 Minuten
Garzeit: 5 Minuten

Zutaten

- 1 Dose (140 g) Thunfisch
- 500 g Mehl
- 2 große Prisen Salz
- Sonnenblumen- oder Traubenkernöl zum Einfetten und Frittieren
- 5 Eier

Den Thunfisch abtropfen lassen und zerkleinern.

Das Mehl mit Salz und 300 Millilitern Wasser in die Schüssel der Küchenmaschine geben und etwa 10 Minuten zu einem sehr elastischen, weichen Teig kneten, der nicht mehr kleben sollte. Am besten das Wasser nach und nach einarbeiten.

Die Hände mit Öl einfetten. Den Teig auf eine eingeölte Arbeitsfläche geben und in golfballgroße Portionen teilen. Auf einen großen Teller setzen und mit Frischhaltefolie abdecken, damit sie nicht austrocknen. Immer darauf achten, dass die Hände gut eingeölt sind.

Den Teig wie in der Schritt-für-Schritt-Anleitung auf Seite 94 beschrieben ausrollen, falten, füllen und backen.

Schritt für Schritt

Brikteig-Taschen wie in La Goulette

Schritt 1

Eine Teigportion so dünn wie möglich ausrollen. Arbeitsfläche, Hände und Teig vorher gut mit Öl einfetten.

Schritt 2

Die vier Seiten des dünn ausgerollten Teigs ausziehen.

Schritt 3

Ein rohes Ei und etwas Thunfisch in die Teigmitte geben.

Schritt 4

Eine Seite über die Füllung zur anderen Kante schlagen. Die Teigtasche wie auf dem Foto rasch an den Schmalseiten haltend ins heiße Fett tauchen und einige Sekunden so halten. Durch die Hitze des Öls wird die Teigtasche verschweißt. Dann ganz ins Fett gleiten lassen und die Teigtasche frittieren, bis die gewünschte Bräunung erreicht ist.

BÖREKS, SCHAKSCHUKA, HRAIME, HUMMUS, AUBERGINENKAVIAR, BABA GANOUSH, GEFÜLLTE AUBERGINEN UND GEBACKENER BLUMENKOHL

Die folgenden Gerichte sind charakteristisch für die nahöstliche jüdische Küche. Viele dieser Gerichte findet man in Israel, ein echter kultureller Schmelztiegel des Nahen Ostens. Manche Gerichte wie Hummus und Baba Ganoush werden wie Mezze oder Kemias zu Beginn eines Mahls serviert. Andere sind eher warme oder kalte Vorspeisen, die man sich oft auch teilt, wie Schakschuka, Hraime, frittierter Blumenkohl oder gefüllte Auberginen. Böreks wiederum werden als Vorspeise, aber auch mal zwischendurch genossen.

Jerusalem
JERUSALEM
JERUSALEM
TELAVIV
JAFFA-TEL AVIV
JERUSALEM
JAFFA-TEL AVIV
Tel - Aviv
Tel - Aviv
ISRAEL
JAFFA TEL-AVIV
OLD JAFFA
JAFFA TEL-AVIV
JAFFA
TEL-AVIV
JERUSALEM
ISRAEL
JAFFA TEL-AVIV

Böreks

Für Böreks gibt es zwei verschiedene Zubereitungsarten: mit Filoteig (eine Art Strudelteig) oder mit Blätterteig. Letzteren kann man selbst herstellen oder tiefgekühlt im Supermarkt kaufen. Sie können auch schon fertig ausgerollten frischen Blätterteig aus der Kühltheke verwenden.

Für 4 Personen • Zubereitungszeit: 30 Minuten
Garzeit: 25 Minuten

Zutaten

- 450 g TK-Blätterteig
- ½ Bund krause Petersilie
- 100 g Feta
- 80 g Ricotta
- 80 g Pecorino, frisch gerieben
- Pfeffer
- Mehl zum Bestäuben
- 1 Ei zum Bestreichen
- 25 g Sesamsaat

Käsefüllung

Den Blätterteig bei Zimmertemperatur mindestens 4 Stunden auftauen lassen.

Die Petersilie waschen, trocken schütteln und fein hacken.

Den Feta möglichst fein in eine Schüssel krümeln. Größere Stücke gegebenenfalls mit einer Gabel zerdrücken. Ricotta und Pecorino sorgfältig einarbeiten, die Petersilie untermischen, mit Pfeffer würzen und alles gut vermengen. Die Mischung nicht salzen, da Feta und Pecorino bereits ausreichend Salz enthalten.

Den Backofen auf 200 °C vorheizen.

Bitte umblättern

Zutaten

- 450 g TK-Blätterteig
- 500 g frischer Spinat
- 25 g Butter
- 1 Knoblauchzehe
- 150 g Crème fraîche
- Salz und Pfeffer
- Mehl zum Bestäuben
- 1 Ei zum Bestreichen
- 25 g Sesamsaat

Spinatfüllung

Den Blätterteig bei Zimmertemperatur mindestens 4 Stunden auftauen lassen.

Den Spinat verlesen und waschen. Die Butter in einer großen Pfanne zerlassen. Den Spinat darin dünsten, bis das ausgetretene Wasser verdunstet ist.

Den Backofen auf 200 °C vorheizen.

Den Spinat ausdrücken und fein hacken. Die Knoblauchzehe schälen und zerdrücken. Spinat und Knoblauch in einer Schüssel mit der Crème fraîche vermengen. Mit Salz und Pfeffer würzen.

Fertigstellung der Böreks

Die Arbeitsfläche mit Mehl bestäuben. Den Blätterteig mit einem Teigroller 5 Millimeter dick ausrollen und zu 15 x 15 Zentimeter großen Quadraten schneiden. Etwas Füllung auf die unteren rechten Ecken setzen und einen Rand von etwa 2 Zentimeter lassen.

Das Ei in einer Tasse mit einer Gabel verquirlen. Den Zeigefinger in das Ei tauchen und die unteren und rechten Kanten der Teigquadrate damit bestreichen. Zu Dreiecken zusammenklappen und mit den Fingern oder mit einer Gabel gut andrücken.

Die gefüllten Teigtaschen auf ein mit Backpapier ausgelegtes Backblech setzen.

Die Böreks mit dem restlichen Ei bestreichen und mit dem Sesam bestreuen. Im vorgeheizten Ofen etwa 25 Minuten backen, bis die gewünschte Bräunung erreicht ist.

БЛАГОСЛОВЕНИЕ
ДОМА
да будет в этом доме
и семье успех и радость
пусть это место
благословится
безмятежностью
и добрым здоровьем.
благослови это
пристанище
да будет на это
воля твоя
Амен.
Jerusalem
БЛАГОСЛОВЕНИЕ
ДОМА

Schakschuka

Die beste Schakschuka meines Lebens habe ich bei „Shukshuka“ auf dem Hacarmel-Markt von Tel Aviv gegessen. Sie war pikant gewürzt und mild zugleich – einfach einmalig! Der Betreiber dieses Standes erklärte mir, dass die wichtigste Zutat für eine gute Schakschuka das Brot ist, das man zum Stippen der Sauce dazu serviert.

Für 4 Personen • Zubereitungszeit: 15 Minuten
Garzeit: 35–40 Minuten

Zutaten

- 1 mittelgroße rote Zwiebel
- 2 Knoblauchzehen
- 20 Cocktailtomaten
- 1 Dose (400 g) gehackte Tomaten
- 75 g Tomatenmark
- 1 Prise Zucker
- 2 EL Olivenöl
- 2 Prisen geräuchertes Paprikapulver
- 1 große Prise Chilipulver (oder ½ TL Harissa)
- Salz und Pfeffer
- 4 Eier
- einige frische Stängel Petersilie
- 1 kleines helles Bauernbrot zum Servieren

Die Zwiebel schälen und grob hacken. Die Knoblauchzehen schälen und zerdrücken. Die Tomaten waschen und halbieren.

Dosentomaten, Tomatenmark, Zucker und Olivenöl in einer Schüssel verrühren. Die Mischung in einen breiten Topf füllen. Cocktailtomaten, Zwiebel, Knoblauch, Paprika- und Chilipulver zufügen. Mit Salz und Pfeffer würzen. Bei mittlerer Hitze etwa 30 Minuten unter gelegentlichem Rühren auf etwa zwei Drittel einkochen.

Mit einem Löffel vier Mulden in die Tomatenmasse drücken. Die Eier aufschlagen und in die Mulden geben. Den Topfdeckel aufsetzen und die Eier bei mittlerer Hitze in der heißen Sauce stocken lassen: etwa 4 Minuten für weiche Eier und 10 Minuten für hart gekochte Eier. Nicht mehr rühren!

Inzwischen die Petersilie waschen, trocken schütteln und fein hacken. Wenn die Eier die gewünschte Garstufe erreicht haben, die Schakschuka mit der Petersilie bestreuen. Nach Belieben auch mit zerkrümeltem Feta oder Ziegenfrischkäse oder mit einigen gegarten Kichererbsen, mit Frühlingszwiebelringen oder klein gewürfelter Paprika garnieren. Das Brot in Scheiben schneiden und zum Aufnehmen der Sauce dazu servieren.

Hraime

Für 4 Personen • Zubereitungszeit: 10 Minuten
Garzeit: 40 Minuten

Zutaten

- 2 Knoblauchzehen
- 2 TL Cayennepfeffer (oder mildes Chilipulver)
- 2 TL geräuchertes Paprikapulver
- Salz und Pfeffer
- 1 große Zwiebel
- 100 ml Olivenöl
- 75 g Tomatenmark
- 1 Dose (400 g) gehackte Tomaten
- 4 Seebarsch-, Doraden- oder Thunfischstücke (à 150 g)

Die Knoblauchzehen schälen und zerdrücken. In einer Schale mit Cayennepfeffer und Paprikapulver mischen. Mit Salz und Pfeffer würzen.

Die Zwiebel schälen und fein hacken. Das Öl in einem breiten Topf erhitzen und die Zwiebel darin bei mittlerer Hitze anbräunen. Die Knoblauchmischung zufügen und einige Minuten garen. Tomatenmark und gehackte Tomaten mit 250 Millilitern Wasser zufügen und zum Kochen bringen. Die Sauce 10–15 Minuten bei mittlerer Hitze einkochen.

Die Fischstücke hineingeben, sodass sie vollständig mit Sauce bedeckt sind, und bei geschlossenem Deckel etwa 15 Minuten gar ziehen lassen. Nach Wunsch mit Petersilienblättern garniert servieren.

Hummus

Ich habe hier einige Ideen gesammelt, um diesen klassischen Kichererbsendip zu variieren. Sie können das Rezept aber auch gern an Ihren eigenen Geschmack anpassen, indem Sie zum Beispiel gehackte Kräuter (Koriander, Basilikum), Gewürze und/oder andere Würzmittel wie getrocknete Tomaten, eingelegte Zitronen, geräuchertes Paprikapulver oder gemahlenen Kreuzkümmel zufügen.

Für 4 Personen • Zubereitungszeit: 10 Minuten

Zutaten

- 1 Dose Kichererbsen (Abtropfgewicht etwa 250 g)
- ½ Knoblauchzehe
- 1 EL Tahini (Sesammus, siehe Seite 36)
- 4 EL Olivenöl plus etwas mehr zum Beträufeln
- 4 EL Zitronensaft

Die Kichererbsen abtropfen lassen und einige davon für die Garnierung beiseitelegen. Die halbe Knoblauchzehe schälen und zerdrücken.

Die Kichererbsen mit Tahini, Olivenöl, Zitronensaft und Knoblauch in den Standmixer geben und zu einer Paste verarbeiten (ich mag es lieber, wenn die Paste etwas gröber ist, andere finden sie glatt gemixt besser). Falls die Masse sehr fest ist, kann sie nach Belieben noch mit etwas Wasser gestreckt werden.

Den Hummus in eine Schale füllen. Vor dem Servieren mit etwas Olivenöl beträufeln und mit den beiseitegelegten ganzen Kichererbsen garnieren.

Zutaten

- 1 weiche Avocado
- Hummus-Zutaten (siehe Seite 106)
- 1 kleine rote Zwiebel

Avocado-Hummus

Die Avocado schälen und entkernen. Die Hummus-Zutaten mit dem Avocadofleisch in den Standmixer geben und nach Belieben mixen. Die Zwiebel schälen und fein hacken und vor dem Servieren über den Avocado-Hummus streuen.

Zutaten

- 200 g gegarte Rote Bete
- Hummus-Zutaten (siehe Seite 106)
- 1 Handvoll gehackte glatte Petersilie

Rote-Bete-Hummus

Die Rote Bete in Stücke schneiden. Mit den Hummus-Zutaten in den Standmixer geben und nach Belieben grob bis ganz glatt mixen. Die gehackte Petersilie vor dem Servieren über den Rote-Bete-Hummus streuen.

Zutaten

- Hummus-Zutaten (siehe Seite 106; allerdings ohne Tahini)
- 2 EL ungesüßtes Pistazienmus

Pistazien-Hummus

Die Hummus-Zutaten in den Standmixer geben, dabei das Tahini durch das Pistazienmus ersetzen und nach Belieben mehr oder weniger glatt mixen.

Auberginenkaviar

Für 4 Personen • Zubereitungszeit: 15 Minuten
Garzeit: 50 Minuten • Abkühl- und Kühlzeit: 1 Stunde 20 Minuten

Zutaten

- 3 Auberginen
- Olivenöl zum Bestreichen
- 1 ½ Knoblauchzehen
- 3 EL Tahini (siehe Seite 36)
- 6 EL Zitronensaft
- ¾ TL geräuchertes Paprikapulver

Den Backofen auf 250 °C vorheizen. Die Auberginen waschen und längs halbieren. Das Fruchtfleisch rautenförmig mit einem kleinen Messer tief einschneiden. Dadurch kann die Hitze schneller und gleichmäßiger eindringen.

Ein Stück Küchenpapier mit etwas Olivenöl tränken und die Auberginenhälften damit bestreichen.

Die Auberginen im vorgeheizten Ofen 50 Minuten weich garen. Dann das Fruchtfleisch mit einem Löffel aus den Schalen schaben und etwa 20 Minuten abkühlen lassen.

Inzwischen den Knoblauch schälen und zerdrücken. Das Auberginenfleisch mit Knoblauch, Tahini, Zitronensaft und Paprikapulver in den Standmixer geben und nach Belieben mehr oder weniger glatt pürieren. Den Auberginenkaviar vor dem Servieren mindestens 1 Stunde im Kühlschrank ziehen lassen, damit sich die Aromen entwickeln.

Baba Ganoush

Für 4 Personen • Zubereitungszeit: 15 Minuten
Garzeit: 50 Minuten • Kühlzeit: 1 Stunde

Zutaten

- 3 Auberginen
- 1 ½ Knoblauchzehen
- 3 EL Tahini (siehe Seite 36)
- 6 EL Zitronensaft
- 1–2 EL Olivenöl
- 1 knapper TL geräuchertes Paprikapulver

Die Auberginen einzeln in Alufolie einschlagen und auf dem Holzkohlegrill (alternativ Gas- oder Elektrogrill) 50 Minuten unter regelmäßigem Wenden weich garen.

Die Auberginen auswickeln und in große Stücke schneiden. Die Schalen nicht entfernen, weil sie das typisch dezente Röstaroma enthalten. Einige Minuten abkühlen lassen. Inzwischen die Knoblauchzehen schälen. Auberginen mit Knoblauch, Tahini, Zitronensaft, Olivenöl und dem Paprikapulver in den Standmixer geben und nach Belieben mehr oder weniger grob bzw. glatt pürieren. Vor dem Servieren mindestens 1 Stunde im Kühlschrank ziehen lassen, damit sich die Aromen entwickeln.

Gebackener Blumenkohl

Eines meiner Lieblingsgerichte! Sehr schnell zubereitet und eine tolle warme oder kalte Vorspeise.

Für 4 Personen • Zubereitungszeit: 15 Minuten
Garzeit: 55 Minuten

Zutaten

- 4 mittelgroße Köpfe Blumenkohl (3 würden auch reichen, aber weil's so lecker schmeckt …)
- Salz
- Olivenöl zum Beträufeln
- Pfeffer

Den Backofen auf 250 °C vorheizen.

Die Blumenkohlköpfe ganz lassen oder in einzelne Röschen teilen – je nachdem, wie er serviert werden soll. An der Zubereitung ändert sich nichts.

Salzwasser in einem großen Topf zum Kochen bringen und die Blumenkohlköpfe darin nacheinander 4 Minuten blanchieren. Abtropfen lassen und trocken tupfen. Die Blumenkohlköpfe auf ein mit Backpapier ausgelegtes Backblech geben und großzügig mit Olivenöl beträufeln. Mit Salz und Pfeffer und nach Belieben auch mit weiteren Gewürzen (Kreuzkümmel, Paprika etc.) würzen.

Im vorgeheizten Ofen etwa 40 Minuten backen, bis die Blumenkohlköpfe schön gebräunt sind. Je dunkler, desto knuspriger sind sie.

Gebackener Blumenkohl kann nach Belieben mit Weißer Tahinisauce (siehe Seite 36) oder einer Salsa aus Tomaten, Olivenöl und Chilis serviert werden.

Makroud

Dieser Eierkuchen wird, in kleine Würfel geschnitten, oft zusammen mit Kemias serviert, schmeckt aber auch allein als Vorspeise sehr gut oder mit etwas Tchoutchouka und Harissa (siehe Seite 70 und 34).

Für 4 Personen • Zubereitungszeit: 25 Minuten
Garzeit: 1 Stunde 20 Minuten

Zutaten

- Butter zum Einfetten
- 10 Eier
- 1 Hähnchenschenkel
- ½ Zwiebel
- ½ Knoblauchzehe
- Öl zum Anbraten
- 1 TL Paellagewürz mit Safran
- 1 Prise geräuchertes Paprikapulver
- Salz und Pfeffer

Den Backofen auf 160 °C vorheizen. Eine runde Auflaufform mit Butter einfetten.

2 Eier in einem Topf mit Wasser 15 Minuten hart kochen. Erkalten lassen, schälen und in Stücke schneiden.

In der Zwischenzeit den Hähnchenschenkel in einem Topf mit etwas Wasser bei mittlerer Hitze 25 Minuten garen. Abkühlen lassen, dann das Fleisch von den Knochen lösen und klein schneiden. Den Garsud aufheben.

Die Zwiebel schälen und fein hacken. Die Knoblauchzehe schälen und zerdrücken. Etwas Öl in einer Pfanne erhitzen und die Zwiebel darin anbräunen.

Die restlichen 8 Eier in einer Schüssel verquirlen. Hart gekochte Eier, Hähnchenfleisch, Knoblauch, Paellagewürz und Paprikapulver, Zwiebel sowie 2 Esslöffel Garsud von den Hähnchenschenkeln untermischen. Salzen und pfeffern. Die Masse in die vorbereitete Backform füllen und im vorgeheizten Ofen 40 Minuten backen, bis sie fest ist. Dann auf Grillfunktion stellen und 10 Minuten goldbraun überbacken.

חומוס הכרמל
11
HUMUS
חומוס
תוצרת עצמית
ללא חומרי משמר
חומוס הכרמל
11
HUMUS
שוק הכרמל פינת רמבים
החומוס

Gefüllte Auberginen

Für 4 Personen • Zubereitungszeit: 15 Minuten
Garzeit: 50 Minuten • Ruhezeit: 10 Minuten

Zutaten

- 4 Auberginen
- Olivenöl zum Bestreichen
- 1 Knoblauchzehe
- 250 g Feta
- 2 Granatäpfel
- Zatar (oder Thymian) zum Bestäuben
- frische Minze zum Garnieren

Den Backofen auf 250 °C vorheizen. Die Auberginen waschen und längs halbieren. Das Fruchtfleisch rautenförmig mit einem kleinen Messer tief einschneiden. Dadurch kann die Hitze schneller und gleichmäßiger eindringen.

Ein Stück Küchenpapier mit etwas Olivenöl tränken und die Auberginenhälften damit bestreichen. Die Knoblauchzehe längs halbieren und die Schnittseiten der Auberginen damit leicht einreiben; nicht zu kräftig drücken, der Geschmack intensiviert sich noch beim Garen. Die Auberginenhälften auf ein Backblech legen und im vorgeheizten Ofen 50 Minuten weich garen. Dann etwa 10 Minuten abkühlen lassen.

Inzwischen den Feta zerkrümeln und die Fruchtkerne aus den Granatäpfeln herauslösen. Die Auberginenhälften mit Feta belegen, die Granatapfelkerne darüberstreuen, dann mit etwas Zatar (oder Thymian) bestäuben, mit einigen Minzeblättern garnieren und servieren. Dazu passt sehr gut weiße Tahinisauce (siehe Seite 36) – ein Gedicht!

HAUPTGERICHTE

Gefilte Fisch

Gefilte Fisch ist, wenn man der wörtlichen Übersetzung aus dem Jiddischen folgt, ein „gefüllter (ganzer) Fisch“, und so wurde er zumindest bis ins 17. Jahrhundert hinein in den polnischen Schtetl serviert. Heute wird diese aschkenasische Spezialität aber häufiger in Form von gefüllten Fischfilets oder als gekochte Fischbällchen mit Karotten und Chrain (siehe Seite 32) zubereitet. Manchmal kann gefilte Fisch leicht süß, fast zuckrig gewürzt werden. Für mich hat das Gericht einen ganz besonderen Platz in der aschkenasischen Küche. Die große Leidenschaft meines Großvaters für dieses Gericht hat sich allerdings kaum auf die folgenden Generationen übertragen.

Für 4 Personen • Zubereitungszeit: 20 Minuten • Garzeit: 1 Stunde

Zutaten

- 300 g Seehecht
- 300 g Hecht
- 300 g Karpfen
- 3 Zwiebeln
- 2 Karotten
- Salz und Pfeffer
- 1 Ei
- 1 große Prise Zucker
- 15 g Matzenmehl

Den Fischhändler eventuell fragen, ob er die Fischfilets herauslösen und Köpfe, Haut (entschuppt) und Gräten separat dazulegen kann, ansonsten muss man es selbst machen.

2 Zwiebeln schälen und in Ringe schneiden. Die Karotten schälen. Zwiebelringe, Karotten und Fischkarkassen und -haut mit 1,5 Litern Wasser in einen Topf geben. Salzen und pfeffern und zum Kochen bringen. Die Hitze reduzieren und köcheln lassen, solange die Fischbällchen zubereitet werden.

Die übrige Zwiebel schälen und fein hacken. Die Fischfilets in Stücke schneiden, durch den Fleischwolf drehen und in die Schüssel der Küchenmaschine geben. Ei, Zucker und Matzenmehl zufügen. Mit Salz und Pfeffer würzen und zu einer glatten Masse verarbeiten.

Aus der Fischmasse mit leicht angefeuchteten Händen Bällchen formen. Vorsichtig in den siedenden Fischsud gleiten lassen und bei mittlerer Hitze und aufgesetztem Deckel gut 30 Minuten garen. Den Deckel abnehmen und weitere 30 Minuten gar ziehen lassen.

Die Fischbällchen mit einem Schaumlöffel herausnehmen und auf einem Teller erkalten lassen. Den Fischfond durch ein feines Sieb passieren, Fond und Karottenstücke aufbewahren, die Siebrückstände entsorgen. Zum Servieren die Fischbällchen auf tiefe Teller verteilen, den Fond darübergießen und die Karottenstücke zugeben. In meiner Familie wird Gefilter Fisch mit Rote-Bete-Chrain (Meerrettichpaste mit Roter Bete, siehe Seite 32) serviert.

געפילטע פיש
Karp na sposób żydowski
GEFILTE
FISH
Carp jewish style
19 zł

Klops

Bei meiner Mutter gibt es kein Familienessen ohne diesen enormen Hackbraten. Auch wenn ich bei den Recherchen zu diesem Buch diesen einen Satz fast eine Million Mal gehört und mir geschworen habe, ihn niemals zu zitieren – hier scheint es mir unumgänglich: „Meine Mutter macht den besten Klops der Welt!" Als ich mich mit einer Freundin aus Israel über dieses Rezept unterhalten habe, hat sie mir gesagt, dass sie ihren Klops 10 Minuten vor Ende der Backzeit mit Tahini bestreicht. Ich hab's ausprobiert – einfach genial!

Für 4 Personen • Zubereitungszeit: 45 Minuten
Garzeit: 1 Stunde 20 Minuten

Zutaten

- 400 g Rinderschmorfleisch
- 400 g Kalbsbrust (mit Knochen)
- 7 Eier
- 250 ml Milch
- 3 Scheiben Brot vom Vortag
- 2 mittelgroße Zwiebeln
- 1 Bund krause Petersilie
- 3 Tomaten
- 2 Knoblauchzehen
- Salz und Pfeffer

Das Rindfleisch in große Stücke schneiden. Die Kalbsbrust entbeinen und parieren, aber möglichst viel Fett dranlassen. In große Stücke schneiden.

5 Eier in einem Topf mit Wasser 10 Minuten hart kochen. Unter fließend kaltem Wasser abschrecken, dann schälen. Die Milch in eine Schüssel füllen und die Brotscheiben darin einige Sekunden einweichen, nicht durchtränken.

Die Zwiebeln schälen und grob hacken. Die Petersilie waschen, trocken schütteln und ebenfalls grob hacken. Die Tomaten waschen und den Stielansatz herausschneiden. In Scheiben schneiden. Die Knoblauchzehen schälen.

Rind- und Kalbfleisch mit Brot, Zwiebeln, Knoblauchzehen und Petersilie durch die feine Scheibe des Fleischwolfs in eine Schüssel drehen. Mit Salz und Pfeffer würzen und die beiden übrigen rohen Eier einarbeiten.

Den Backofen auf 250 °C vorheizen.

Die Hälfte der Fleischmasse zu einem Laib formen und in eine große Backform geben. Etwas flach drücken. Die 5 hart gekochten Eier in einer Reihe in die Mitte setzen. Die restliche Fleischmasse darübergeben und einen großen Laib formen. Die Tomatenscheiben darauf anordnen. Meine Mutter hat mir erklärt, dass die Variante mit den Tomatenscheiben von meiner Urgroßmutter stammt, die festgestellt hatte, dass der Hackbraten durch die Tomaten schön saftig und weich wird. Im vorgeheizten Ofen 20 Minuten backen, dann die Ofentemperatur auf 180 °C reduzieren und weitere 50 Minuten garen. Der Hackbraten sollte schön gebräunt sein und an den Seiten Risse zeigen.

Zimmes

Zimmes ist ein aschkenasisches Gericht aus Karotten, frischen Früchten und Trockenobst. Man kann es mit Kascha (siehe Seite 189), Gersten- oder Weizengrütze essen. Dieses vegetarische Ragout wird sehr häufig an Rosch ha-Schana serviert, weil es recht süß ist.

Für 4 Personen • Zubereitungszeit: 10 Minuten
Garzeit: 1 Stunde

Zutaten

- 8 große Karotten
- 1 Apfel
- 100 g entsteinte Trockenpflaumen
- ¼ Bio-Orange
- 50 g Butter oder Margarine
- 2 große Prisen Zimtpulver
- 1 große Prise frisch geriebene Muskatnuss
- 1 Prise Salz

Karotten und Apfel schälen und klein würfeln. Die Trockenpflaumen vierteln. Die Schale der Orange fein abreiben.

Die Butter in einem Topf bei mittlerer Hitze zerlassen. Karotten- und Apfelwürfel darin einige Minuten dünsten. Dann Trockenpflaumen, Orangenschale, Zimt, Muskatnuss und Salz zufügen und einige weitere Minuten garen.

Mit 250 Millilitern Wasser ablöschen, den Deckel aufsetzen und 1 Stunde bei niedriger Hitze garen. Dabei gelegentlich umrühren, damit die Mischung nicht anbrennt, und gegebenenfalls weiteres Wasser zufügen.

Gulasch

Gulasch ist das ungarische Nationalgericht,
und bei uns kommt es mit Reis als Beilage auf den Tisch.

Für 4 Personen • Zubereitungszeit: 15 Minuten
Garzeit: 3 Stunden

Zutaten

- 1 Dose (400 g) geschälte Tomaten
- 3 mittelgroße Zwiebeln
- 3 EL Olivenöl
- 2 Knoblauchzehen
- 800 g Rindergulasch
- 4 große festkochende Kartoffeln
- 2 große Karotten
- 150 g Tomatenmark
- 2 TL Paprikapulver

Die Dosentomaten in einem Sieb abtropfen lassen und die Stielansätze herausschneiden. Die Tomaten grob hacken.

Die Zwiebeln schälen und fein hacken. Das Olivenöl in einem großen Topf erhitzen und die Zwiebeln darin bei mittlerer Hitze etwa 5 Minuten garen. Die Knoblauchzehen schälen, zerdrücken und zu den Zwiebeln geben.

Die Fleischwürfel in den Topf geben und von allen Seiten etwa 10 Minuten bei mittlerer Hitze anbräunen, dabei regelmäßig wenden, damit Fleisch und Zwiebeln nicht anbrennen. Mit 500 Millilitern Wasser ablöschen und den Bratensatz unter Rühren vom Topfboden lösen.

Die Hitze reduzieren und bei geschlossenem Deckel etwa 2 ½ Stunden schmoren. Kartoffeln und Karotten schälen und in mittelgroße Stücke schneiden.

Kartoffeln, Karotten, gehackte Tomaten, Tomatenmark und Paprikapulver zum Fleisch geben und weitere 30 Minuten schmoren.

LANGSAM GESCHMORTES

Tscholent aus der aschkenasischen und Dafina aus der sephardischen Küche sind zwei echte Sabbat-Klassiker. Beide Gerichte gehören zu den Hamin – sehr lange geschmorte Gerichte (wie Mloukhia, Pkaila, Loubia oder Tbit), die am Freitagabend, zu Beginn des Sabbats aufgesetzt werden, bis zum nächsten Mittag sanft vor sich hinschmoren und dann zum Seuda Schlischit, dem Sabbat-Mittagessen, serviert werden. Natürlich werden diese Schmorgerichte auch an anderen Festtagen zubereitet.

Abgesehen von Dafina und Loubia, die letztendlich fast identisch sind mit Tscholent, lässt sich bei den langsam geschmorten Gerichten ziemlich leicht erkennen, ob sie aschkenasischen oder sephardischen Ursprungs sind. Während es sich in der aschkenasischen Küche meistens um geschmortes Fleisch mit Bohnen und Gemüse handelt, finden sich in der sephardischen Tradition für diese typischen Gerichte viele Rezepte mit Grüngemüse wie Spinat (Msoki und Pkaila) oder Mloukhia (Langkapselige Jute), auch Muskraut genannt, die im Geschmack sehr an Rucola erinnert.

Pkaila

Pkaila ist für die tunesische jüdische Küche das, was für die französische Kochtradition Bœuf Bourguignon oder für die italienische Küche Spaghetti Bolognese ist – einfach unverzichtbar.

Für 4 Personen • Zubereitungszeit: 30 Minuten
Garzeit: 2 ½ Stunden • Einweichzeit: über Nacht

Zutaten

- 450 g getrocknete weiße Bohnen
- 1 kg Rinderschmorfleisch
- 1 große Zwiebel
- 8 Knoblauchzehen
- 1 Bund Minze
- ½ Bund Koriander
- 1 Kalbsfuß
- 1 TL Harissa (siehe Seite 34)
- 1,2 kg frischer Spinat (alternativ TK-Spinat, der nach dem Auftauen 1,2 kg wiegen sollte)
- 400–450 ml Sonnenblumenöl

Am Vorabend die Bohnen in einer Schüssel mit kaltem Wasser bedecken und über Nacht quellen lassen.

Das Rindfleisch in große Stücke schneiden. Die Zwiebel schälen und fein hacken. Die Knoblauchzehen schälen und zerdrücken. Minze und Koriander waschen, trocken schütteln und die Blätter von den Stängeln zupfen. Die Bohnen abtropfen lassen.

Rindfleisch und Kalbsfuß in einen großen Topf geben. Zwiebel, Knoblauch, Minze- und Korianderblätter, Harissa und Bohnen zugeben. Mit frischem Wasser knapp bedecken und den Deckel aufsetzen. Bei mittlerer Hitze 1 ½ Stunde schmoren.

Inzwischen den Spinat verlesen, waschen und abtropfen lassen. Etwas Öl in einer großen Pfanne erhitzen. Den Spinat darin bei mittlerer Hitze garen, bis er zusammengefallen und das Wasser vollständig verdampft ist. Den Spinat dabei nicht unbeaufsichtigt lassen und gelegentlich rühren, damit er nicht anbrennt. Wenn der Spinat trocken ist, etwa 200 Milliliter Öl zugießen und unter gelegentlichem Rühren braten, bis er sich dunkel verfärbt. Weitere 200 Milliliter Öl zugießen. Den Spinat auf diese Weise unter gelegentlichem Rühren etwa 1 Stunde braten, bis er schwarz ist.

Den Spinat unter das Fleisch mischen und das Gericht weitere 1 ½ Stunden schmoren.

Die Pkaila nach Belieben mit gegartem Couscous servieren.

Msoki

Msoki ist ein tunesisches Pessach-Gericht. Üblicherweise werden Matzebrotstücke in den Teller gebrochen, die sich dann mit dem Saft vollsaugen und zusammen mit den Gemüse- und Fleischstücken gegessen werden.

Für 6–8 Personen • Zubereitungszeit: 30 Minuten
Garzeit: 2 Stunden 25 Minuten

Zutaten

- 1 kg frischer Spinat
- ½ Weißkohl
- 4 Kardonenstängel
- 5 Selleriestangen
- 4 Fenchelknollen
- 2 mittelgroße Steckrüben
- 2 Karotten
- 8 Artischockenherzen
- 1 große Zwiebel
- 5 Knoblauchzehen
- Sonnenblumenöl zum Anbraten
- 1 EL gemahlener Koriander
- 1 EL gemahlener Pfeffer
- 1 EL gemahlener Piment
- 1 EL gemahlene Rosenknospen
- Salz
- 500 g Lammnacken
- 1 Lammschulter
- 1 Bund Koriander
- 1 Bund Minze
- 300 g frische Erbsen
- 300 g gepalte frische dicke Bohnen
- 500 g Osben (siehe Seite 149)

Das Gemüse waschen und putzen. Spinat und Kohl grob hacken. Kardonen und Sellerie in Scheiben, den Fenchel in Stücke schneiden. Die Rüben schälen und in Stücke schneiden. Die Karotten schälen und in Scheiben schneiden. Die Artischockenherzen in Scheiben schneiden.

Die Zwiebel schälen und fein hacken. Die Knoblauchzehen schälen und zerdrücken.

Den Boden eines sehr großen Topfes mit Öl bedecken. Zwiebel und Knoblauch darin bei mittlerer Hitze einige Minuten braten. Spinat und Kohl zufügen und bei aufgesetztem Deckel einige Minuten dünsten, damit das Wasser möglichst nicht verdunstet. Kardonen, Sellerie, Fenchel, Rüben, Karotten und Artischockenherzen zufügen. Gegebenenfalls etwas Wasser zugießen, damit das Gemüse knapp bedeckt ist, und gut 30 Minuten schmoren.

Gemahlene Gewürze und Rosenknospen untermischen und mit Salz würzen. Den Lammnacken in große Stücke schneiden. Lammschulter als Ganzes sowie die Nackenstücke auf das Gemüse setzen und bei aufgelegtem Deckel 1 Stunde schmoren.

Die Kräuter waschen, trocken schütteln und hacken. Zusammen mit Erbsen, Bohnen und Osben in den Topf geben und weitere 30 Minuten schmoren. Die Würste nicht zu früh zugeben, damit sie nicht platzen. Vor dem Servieren mit Salz abschmecken.

1H85
1855
750
1855
980
1H85
225
1H85

1485
980
224

Loubia

Für 4 Personen • Zubereitungszeit: 20 Minuten • Garzeit: 2 Stunden 10 Minuten
Einweichzeit: 12 Stunden (wenn getrocknete Bohnen verwendet werden)

Zutaten

- 500 g weiße Bohnen (getrocknet oder abgetropft aus der Dose)
- 4 Tomaten
- 3 Knoblauchzehen
- 1 Zwiebel
- 1 Kalbsfuß
- 2 EL Tomatenmark
- 1 TL gemahlener Kreuzkümmel
- Chilipulver
- 2 EL Olivenöl

Wenn getrocknete Bohnen verwendet werden, diese am Vorabend in einer Schüssel mit kaltem Wasser bedecken und über Nacht einweichen.

Am nächsten Tag die Tomaten häuten, entkernen und klein würfeln. Die Knoblauchzehen schälen und zerdrücken. Die Zwiebel schälen und halbieren, mit den Schnittseiten nach unten in einer heißen Pfanne fast schwarz anrösten. Die Zwiebelhälften dienen nur als Aromengeber und werden nach dem Garen entfernt.

Die Bohnen abtropfen lassen und mit Kalbsfuß, Tomaten, Knoblauchzehen, Zwiebelhälften, Tomatenmark, Kreuzkümmel und Chilipulver nach Geschmack in einen großen Topf geben. Knapp mit Wasser bedecken. Das Olivenöl zufügen und alles bei niedriger Hitze gut 2 Stunden schmoren. Gelegentlich prüfen, ob noch genügend Wasser vorhanden ist, und gegebenenfalls nachfüllen.

Jaś Mały
Jaś Duży
Orzechy
40
KG
Jaś Duży suchy
16,-
Jaś średni suchy
10

Guendouia

Wie ich in Tunesien gelernt habe, ist der Trick bei diesem Gericht, die Okraschoten lange zu schmoren, damit sie nicht schleimig werden.

Für 4 Personen • Zubereitungszeit: 10 Minuten
Garzeit: 3 Stunden 40 Minuten

Zutaten

- 400 g Kalbschmorfleisch (Hals, Bug, Brust)
- 3 mittelgroße Zwiebeln
- 3 Knoblauchzehen
- 100 ml Sonnenblumenöl
- Salz und Pfeffer
- 1 TL Harissa (siehe Seite 34)
- 2 EL Tomatenmark
- 1 TL gemahlener Koriander
- 250 g Okras
- 3 Tomaten

Das Kalbfleisch in etwa 5 Zentimeter große Würfel schneiden. Die Zwiebeln schälen und fein hacken. Die Knoblauchzehen schälen und zerdrücken.

Das Öl in einem großen Topf erhitzen. Die Fleischwürfel mit den Zwiebeln darin bei mittlerer Hitze etwa 5 Minuten braten. Mit Salz und Pfeffer würzen und die Harissa untermischen.

Mit etwa 300 Millilitern Wasser ablöschen. Tomatenmark, Knoblauch und Koriander zufügen und bei aufgelegtem Deckel gut 30 Minuten schmoren.

Inzwischen die Okras waschen und putzen. In den Topf geben. Die Stielansätze von den Tomaten herausschneiden, die Früchte vierteln und ebenfalls in den Topf geben. Bei aufgesetztem Deckel 3 Stunden schmoren. Vor dem Servieren mit Salz und Pfeffer abschmecken.

Tscholent

Für 4 Personen • Zubereitungszeit: 15 Minuten
Garzeit: über Nacht • Einweichzeit: 12 Stunden

Zutaten

- 400 g getrocknete weiße Bohnen
- 200 g kleine Kartoffeln
- 5 Karotten
- 2 Zwiebeln
- 800 g Rinderschmorfleisch
- 2 EL Gänseschmalz
- 150 g Graupen, Buchweizen oder Linsen
- 1 TL Paprikapulver
- 1 TL Mehl
- Salz und Pfeffer
- 4 Eier

Am Morgen die Bohnen in einer Schüssel mit kaltem Wasser bedecken und einweichen.

Am Abend die Kartoffeln schälen. Die Karotten schälen und in Scheiben schneiden. Die Zwiebeln schälen und fein hacken. Das Fleisch in große Stücke schneiden. Die Bohnen abtropfen lassen.

Das Gänseschmalz in einem großen Topf auf mittlerer bis hoher Stufe zerlassen. Zwiebeln und Fleischstücke darin anbräunen. Die Hitze reduzieren, Karotten, Kartoffeln und Bohnen zufügen und gut mit Wasser bedecken. Graupen und Paprikapulver zufügen und mit dem Mehl bestreuen. Mit Salz und Pfeffer würzen und umrühren. Den Deckel aufsetzen und bei sehr niedriger Hitze über Nacht bis zum nächsten Mittag schmoren. 1 Stunde vor dem Servieren die Eier abwaschen, in der Schale ganz hineingeben und mitgaren.

Dafina

Dafina ist ein klassisches Sabbat-Gericht aus der sephardischen Küche.
Dieses Rezept stammt von Lea, der Mutter meiner Freundin Annie.

Für 4 Personen • Zubereitungszeit: 30 Minuten • Garzeit: 14 Stunden
Einweichzeit: 12 Stunden (wenn getrocknete Kichererbsen verwendet werden)

Zutaten

- 250 g Kichererbsen (getrocknet oder abgetropft aus der Dose)
- 1 Rinder- oder Kalbsfuß
- 500 g Rinderbrust, -querrippe oder -bug (wichtig ist, dass das Fleisch durchwachsen ist)
- 250 g Reis
- 1,5 kg festkochende Kartoffeln
- 1 Süßkartoffel
- 2–3 entsteinte Datteln
- Salz und Pfeffer
- 4 Eier

Für den Hackfleischkloß:

- 400 g fetthaltiges Rinderhackfleisch
- 3–4 EL Grieß
- 1 große Prise gemahlene Muskatblüte
- Salz und Pfeffer

Wenn getrocknete Kichererbsen verwendet werden, diese am Morgen in einer Schüssel mit kaltem Wasser bedecken und 12 Stunden einweichen. Kichererbsen aus der Dose müssen nur abgespült und abgetropft werden.

Am Abend Rinderfuß und Fleisch in einem großen Topf mit Wasser bedecken und 30 Minuten kochen, dabei den Schaum abschöpfen. Rinderfuß, Fleisch und Sud in eine große Schüssel füllen. Den Topf ausspülen und trocknen.

Für den Hackfleischkloß Hackfleisch, Grieß und Muskatblüte mit 1 Esslöffel Wasser in einer Schüssel vermengen. Mit Salz und Pfeffer würzen und einen länglichen Laib aus der Masse formen.

Zwei Musselintücher aufeinanderlegen und den Reis in die Mitte geben. Die vier Ecken zusammenbinden und so ein lockeres Säckchen herstellen, in dem der Reis in der Brühe garen kann, ohne dass sich die Körner im ganzen Topf verteilen. Kartoffeln und Süßkartoffel schälen, aber nicht zerkleinern. Die Datteln halbieren.

Nun alle Zutaten in folgender Reihenfolge in den Topf schichten, dabei mit Salz und Pfeffer würzen: Als Erstes die Kichererbsen, darauf folgen Kartoffeln, Süßkartoffel und Datteln, dann dicht nebeneinander Rinderfuß und Fleischstück. Reissäckchen und Hackfleischkloß nebeneinander daraufsetzen.

Mit der Fleischbrühe übergießen und mit so viel Wasser auffüllen, dass alle Zutaten bedeckt sind. Bei starker Hitze 30 Minuten schmoren. Den Schaum abschöpfen, dann die Hitze reduzieren und auf sehr niedriger Stufe bis zum nächsten Mittag schmoren. Von Zeit zu Zeit den Wasserstand prüfen und gegebenenfalls auffüllen. 1 Stunde vor dem Servieren die Eier abwaschen, in der Schale ganz hineingeben und mitgaren.

Mloukhia

An Mloukhia (Langkapselige Jute), auch Muskraut genannt, scheiden sich die Geister: Entweder man liebt es, oder man hasst es. Sein Geschmack ist sehr „grün“, irgendwo zwischen Spinat und Rucola. Beim Garen riecht es eher nach Rucola. Man kann vor dem Servieren etwas Zitronensaft hinzufügen, um die säuerlichen Aromen etwas zu betonen.

Für 4 Personen • Zubereitungszeit: 20 Minuten
Garzeit: 12 Stunden 40 Minuten

Zutaten

- 400 g Rinderschmorfleisch
- 1 TL Harissa
- 1 TL gemahlener Piment
- 2 TL Ras el-Hanout
- Salz
- 3 Knoblauchzehen
- 1 Zwiebel
- 250 ml Sonnenblumenöl
- 100 g Mloukhiapulver (in nordafrikanischen Lebensmittelgeschäften)

Das Rindfleisch in etwa 5 Zentimeter große Stücke schneiden und in eine Schüssel geben. Mit Harissa, Piment und Ras el-Hanout vermengen. Mit Salz würzen. Die Knoblauchzehen schälen, zerdrücken und untermischen. Beiseitestellen.

Die Zwiebel schälen und fein hacken. Das Öl in einem großen Topf erhitzen. Die Zwiebel darin bei mittlerer Hitze einige Minuten garen. Nach und nach das Mloukhiapulver einstreuen und rühren, bis eine pastenartige Masse entstanden ist. Dann weitere 10 Minuten unter Rühren garen. Gegebenenfalls die Hitze reduzieren, damit die Masse nicht anbrennt.

Nach und nach 2 Liter kochendes Wasser zugießen und gut rühren, um die Paste klümpchenfrei aufzulösen. Das Wasser sollte unbedingt kochend heiß sein, damit sich die Paste gut auflösen kann. Die Mischung dann bei mittlerer Hitze 20 Minuten unter ständigem Rühren köcheln lassen, am besten mit einem Schneebesen rühren, damit die Mischung so glatt wie möglich wird. Zunächst ist sie recht zähflüssig. Deshalb rühren und garen, bis alles möglichst samtig wird und auf etwa zwei Drittel reduziert ist.

Die eingelegten Fleischstücke zufügen, die Hitze auf sehr niedrige Stufe reduzieren und etwa 12 Stunden schmoren. Das Gericht muss unbedingt heiß serviert werden.

كركم
CURCUMA
1000
فلفل حار
P. FORT
800
ملوخية عال
Poudre de Corete
900

Tbit

Diese aus dem Irak stammende Sabbat-Spezialität habe ich in Israel entdeckt. Und ich konnte nicht aufhören, bis ich den ganzen Topfboden abgekratzt und den knusprigen Reis gegessen hatte. Es war einfach zu lecker!

Für 4 Personen • Zubereitungszeit: 30 Minuten
Garzeit: 7 ½ Stunden

Zutaten

- 4 Tomaten
- 2 Knoblauchzehen
- 1 mittelgroße Zwiebel
- 3 EL Olivenöl
- 500 g Basmatireis
- 75 g Tomatenmark
- 1 TL getrocknete Minze
- 1 TL Baharat-Gewürzmischung (siehe Seite 42) oder Piment
- Salz und Pfeffer
- 1 küchenfertiges ganzes Hähnchen
- 1 l Hühnerbrühe
- 4 Eier

Den Stielansatz der Tomaten herausschneiden. Die Tomaten vierteln und dann hacken. Den Knoblauch schälen und zerdrücken. Die Zwiebel schälen und fein hacken.

1 Esslöffel Olivenöl in einem großen Bräter erhitzen und die Zwiebel darin bei mittlerer Hitze etwa 5 Minuten garen. Die Zwiebel aus dem Topf nehmen und in eine Schüssel geben, das Öl im Topf belassen.

Reis, Knoblauch, Tomaten, Tomatenmark, Minze und Baharat mit in die Schüssel zu den Zwiebelstücken geben, mit Salz und Pfeffer würzen und vermischen.

Das Hähnchen abwaschen, trocken tupfen und mit der Reismischung füllen. Dabei berücksichtigen, dass der Reis beim Garen stark aufquillt. Deshalb das Hähnchen nicht komplett füllen.

Den Backofen auf 150 °C vorheizen.

Das restliche Olivenöl in den Bräter geben und erhitzen. Das Hähnchen rundum, insbesondere aber die Schenkel, bei mittlerer Hitze einige Minuten anbräunen. Die Hitze reduzieren, die restliche Reismischung zufügen und 2–3 Minuten anbraten. Mit der Hühnerbrühe ablöschen und den Deckel aufsetzen.

Im vorgeheizten Ofen 6 Stunden garen. Die Eier abwaschen, in der Schale ganz hineinsetzen und 1 weitere Stunde mitgaren.

HACKBÄLLCHEN

Bei Hackbällchen ist es wie mit Couscous – jede Familie hat ihr eigenes Rezept, das nicht verändert werden darf, denn das wäre ja fast ein Sakrileg!

Man kann sie zu quasi allem essen (Getreide, Reis oder zu einem Gericht wie Couscous oder Loubia, siehe Seite 132) und egal zu welcher Gelegenheit. Meine Freundin Déborah von der *Librairie Gourmande* und ich haben eine Redewendung, die den Stellenwert von Hackbällchen in unserem Leben auf den Punkt bringt: „La boulette, c'est la vie!" (Hackbällchen sind das Leben!).

Hackbällchen nach Mamie Broulette

Diese Hackbällchen haben eine lange Geschichte. Colette ist die Großmutter (mamie) meiner Freunde Mickael und Benjamin, die beide in der Gastronomie tätig sind. Sie hat mich sehr bei diesem Buch unterstützt, indem sie mir viele ihrer Familienrezepte erklärt hat. Die Zusammenkünfte mit ihr waren immer herrlich entspannend. Einmal erklärte sie mir, wie sie zu ihrem Spitznamen gekommen ist: Vor vielen Jahren, als ihre Enkel noch klein waren, vergaß Colette, die eine sehr gute und erfahrene Köchin ist, ihre Buletten auf dem Herd, sodass sie völlig verbrannten (auf Französisch *brûlé*). Deshalb nennen Mickael und Benjamin sie bis heute „Mamie Broulette".

Für 4 Personen • Zubereitungszeit: 10 Minuten
Garzeit: 20–30 Minuten

Zutaten

- 2 Knoblauchzehen
- 3 Scheiben Weißbrot ohne Kruste
- 500 g Rinderhackfleisch
- 1 Prise gemahlener Kreuzkümmel
- 1 Prise Salz
- 1 Prise gemahlener Pfeffer
- 1 Ei
- 150 g Semmelbrösel
- Sonnenblumenöl zum Braten

Die Knoblauchzehen schälen und zerdrücken.

Die Brotscheiben ganz leicht mit Wasser beträufeln, in kleine Stücke zerzupfen und in eine Schüssel geben. Hackfleisch, Knoblauch, Kreuzkümmel, Salz und Pfeffer zufügen und alles von Hand vermengen.

(An dieser Stelle hat mir Colette erklärt, dass es ganz wichtig sei, die Masse nur mit einer Hand zu bearbeiten, damit die andere sauber bleibt, falls das Telefon klingelt!)

Das Ei mit 2–3 Esslöffeln Wasser in einer flachen Form verquirlen. Die Semmelbrösel in eine zweite Form geben.

Die Hackfleischmasse zu Bällchen formen. Erst im Ei, dann in den Semmelbröseln wenden. Auf einen Teller setzen.

Den Boden einer Pfanne mit Öl bedecken, auf mittlerer Stufe erhitzen und die Hackbällchen darin braten. Hier gibt es zwei Möglichkeiten: Die Hackbällchen entweder etwa 20 Minuten in der Pfanne unter häufigem Wenden braten, bis sie schön gebräunt, knusprig und durchgegart sind, oder wie Colette die Hackbällchen etwa 10 Minuten in der Pfanne anbraten und dann weitere 20 Minuten in der Brühe eines Couscousgerichts gar ziehen lassen.

Hackbällchen mit Zitrone von Madame Bouskila

Die Sauce für diese Hackbällchen ist einfach der Hammer! Ich lecke jedes Mal den Teller blank. Madame Bouskila serviert diese Bällchen manchmal als kalte Vorspeise oder als Hauptgang mit Couscous, Pasta oder Reis.

Für 4 Personen • Zubereitungszeit: 15 Minuten
Garzeit: 25 Minuten

Zutaten

- ½ Bund frischer Koriander
- 2 Knoblauchzehen
- 500 g Rinder- oder Kalbhackfleisch
- 2 TL gemahlener Kreuzkümmel
- Salz und Pfeffer
- 1 Lorbeerblatt
- 1 TL Paellagewürz mit Safran
- 1 TL Olivenöl
- 1 Zitrone
- 2 Eigelb

Den Koriander gründlich waschen, trocken schütteln, die Blätter abzupfen und beiseitestellen. Die Knoblauchzehen schälen und zerdrücken.

Das Hackfleisch mit Knoblauch, Kreuzkümmel sowie etwas Salz und Pfeffer vermengen. Die Masse zu knapp golfballgroßen Bällchen formen.

Einen Topf mit 1,5 Liter Wasser füllen und das Lorbeerblatt hineingeben. Einen zweiten Topf mit 500 Millilitern Wasser füllen, dann Paellagewürz, Olivenöl und 1 Prise Salz zufügen. Beide Töpfe auf den Herd setzen. Das Wasser mit dem Lorbeer auf mittlerer Stufe erhitzen, den anderen Topf bei niedriger Hitze erwärmen.

Die Hackbällchen ein letztes Mal rollen und nacheinander in den Topf mit dem Lorbeerblatt geben. Das Wasser zum Sieden bringen und den Schaum abschöpfen. Nun die Hackbällchen mithilfe eines Schaumlöffels in den anderen Topf geben.

Die Zitrone auspressen und mit den Eigelben verquirlen. In den Topf mit den Hackbällchen rühren. Die Hitze sofort reduzieren und ständig rühren, damit das Eigelb nicht stockt. Die Sauce mindestens 10 Minuten erwärmen und rühren, dann die beiseitegestellten Korianderblätter zugeben.

Die Hackbällchen weitere 10 Minuten ziehen und die Sauce eindicken lassen. Mit Salz und Pfeffer abschmecken. Den Herd ausschalten und die Hackbällchen bei aufgesetztem Deckel vollständig erkalten lassen. Die Hackbällchen bis zum Servieren nicht bewegen.

Gefüllte Kartoffeln von Mémé Fortunée

Als er mir das Rezept gab, meinte der Enkel von Mémé Fortunée: „Du weißt, dass meine Großmutter Entrecôte für die Hackbällchen nimmt. Sie weiß eben, was gut ist! Schreib aber dazu, dass man problemlos auch Rinderhackfleisch aus dem Supermarkt verwenden kann." Nachdem ich beides ausprobiert habe, finde ich, dass Mémé Fortunée durchaus recht hat, denn mit Entrecôte schmecken die Hackbällchen super.

Für 4 Personen • Zubereitungszeit: 30 Minuten
Garzeit: 1 Stunde 15 Minuten

Zutaten

- 1 mittelgroße Zwiebel
- 2 Selleriestangen
- 500 g Rindfleisch (Entrecôte)
- 1 Bund glatte Petersilie
- ½ Baguette vom Vortag
- 2 Eier
- Salz und Pfeffer
- 6 mittelgroße Kartoffeln
- 50 g Mehl
- 3 EL Tomatenmark
- Sonnenblumenöl zum Braten

Die Zwiebel schälen und fein hacken. Die Selleriestangen waschen und in Scheiben schneiden.

Das Fleisch durch die feine Scheibe des Fleischwolfs in eine große Schüssel drehen. Die Petersilie waschen, trocken schütteln und fein hacken. Zum Hackfleisch geben und vermengen. Das Brot mit etwas Wasser beträufeln, klein zupfen und zur Hackfleischmischung geben. 1 Ei zufügen, mit Salz und Pfeffer würzen und alles sorgfältig vermengen.

Die Kartoffeln schälen und in 2 Zentimeter dicke Scheiben schneiden. Dann die Scheiben waagerecht einschneiden, aber nicht durchtrennen, sodass eine Art Tasche entsteht. Das Mehl in einen tiefen Teller geben. In einem zweiten tiefen Teller das zweite Ei aufschlagen und verquirlen. Leicht salzen und 1 Esslöffel Tomatenmark unterrühren.

Die Kartoffeltaschen mit der Hackfleischmischung füllen, dabei nicht zu viel hineingeben, damit die Kartoffelscheiben nicht brechen. Erst im Ei, dann im Mehl wenden. Ausreichend Öl in eine Pfanne füllen und die Kartoffeltaschen von beiden Seiten darin anbräunen.

Etwas Öl in einem großen Topf erhitzen. Die Zwiebel darin bei niedriger Hitze einige Minuten garen. Sellerie und restliches Tomatenmark untermischen und 2–3 Minuten garen. Die Kartoffeltaschen darauflegen und so viel Wasser zugießen, dass sie halb bedeckt sind. Salzen und pfeffern. Zum Kochen bringen, dann die Hitze auf niedrige Stufe reduzieren und etwa 1 Stunde garen.

Die gefüllten Kartoffeln im Garsud erkalten lassen (sie lassen sich am Sabbat problemlos wieder aufwärmen). Dazu passt gegarter Couscous.

Osben

Auch wenn die Zutaten im Wesentlichen die gleichen sind und Osben (oder Osbana, Asbana) aus nichts anderem als gewürztem Hackfleisch besteht, sind es eher hausgemachte Würste als Hackbällchen. Osben werden meistens zu sephardischen Gerichten wie Couscous, Msoki, Pkaila usw. serviert, schmecken aber auch einfach so, ohne alles.

Für 4 Personen • Zubereitungszeit: 20 Minuten
Garzeit: 30 Minuten

Zutaten

- 2 Knoblauchzehen
- 1 Zwiebel
- 1 Bund Koriander
- 1 Bund Minze
- 100 g frischer Babyspinat
- 50 g Reis
- 250 g Rinderhackfleisch
- 1 TL Harissa (siehe Seite 34)
- ½ TL Ras el-Hanout
- 1 Prise Salz
- 1 Prise gemahlener Pfeffer
- 2 EL Sonnenblumenöl
- 2 Rinderdärme, je 1 m lang

Die Knoblauchzehen schälen und zerdrücken. Die Zwiebel schälen und fein hacken. Koriander, Minze und Spinat waschen und fein hacken. Den Reis in ein Sieb geben und abspülen.

Das Hackfleisch in einer Schüssel mit Knoblauch, Zwiebel, Kräutern, Spinat, Reis, Harissa und Ras el-Hanout vermengen. Mit Salz und Pfeffer würzen. Das Sonnenblumenöl einarbeiten.

Die Rinderdärme wässern. Prüfen, ob sie richtig herum sind; die aufgeraute Seite sollte außen sein. Falls nicht, ein Darmende mit zwei Fingern dehnen und unter fließendem Wasser umstülpen.

Einen Trichter in ein Darmende stecken und die Hälfte der Hackfleischmischung einfüllen. Dabei mit einer Hand die Füllung im Darm gleichmäßig verstreichen. Die Därme nicht zu stark füllen, da die Masse beim Garen noch aufgeht und der Darm dann platzen würde. Aus demselben Grund auch die Enden nicht verknoten. Den Vorgang mit den restlichen Zutaten wiederholen.

Die Würste vorsichtig in den Topf auf ein Gericht wie Pkaila, Mloukhia oder Msoki (siehe Seite 128, 138 oder 129) legen oder in die Brühe eines Couscousgerichts oder in eine andere Brühe geben und bei aufgesetztem Deckel 30 Minuten gar ziehen lassen.

Geflügelhackbällchen

Für 4 Personen • Zubereitungszeit: 10 Minuten
Garzeit: 20–30 Minuten

Zutaten

- 2 Knoblauchzehen
- ½ rote Zwiebel
- ½ Bund Koriander
- ½ Bund Minze
- 500 g Hähnchenschnitzel
- ½ TL Harissa (siehe Seite 34)
- 1 Prise Ras el-Hanout
- 1 Prise Salz
- 1 Prise gemahlener Pfeffer
- 1 Ei
- 75 g Paniermehl
- Sonnenblumenöl zum Braten

Die Knoblauchzehen schälen und zerdrücken. Die Zwiebel schälen und hacken. Koriander und Minze waschen, trocken schütteln und fein hacken. Die Hähnchenschnitzel durch den Fleischwolf drehen.

Das durchgedrehte Hähnchenfleisch mit Knoblauch, Zwiebel, Kräutern, Harissa, Ras el-Hanout, Salz und Pfeffer, Ei und Paniermehl von Hand vermengen.

Die Masse zu Bällchen formen und auf einen Teller setzen.

Den Boden einer Pfanne mit Öl bedecken und erhitzen. Die Hackbällchen darin bei mittlerer Hitze braten. Zum Garen gibt es zwei Möglichkeiten: Entweder die Hackbällchen 20 Minuten unter häufigem Wenden braten, bis sie schön gebräunt und durchgegart sind. Alternativ etwa 10 Minuten in der Pfanne braten und dann weitere 20 Minuten in der Brühe eines Couscousgerichts gar ziehen lassen.

Fischbällchen

Für 4 Personen • Zubereitungszeit: 15 Minuten
Garzeit: 20–30 Minuten

Zutaten

- 1 Knoblauchzehe
- 2 Scheiben Weißbrot
- 100 ml Milch
- 500 g Wittlingfilets
- ½ Bund Koriander
- 1 Ei
- ¼ TL Harissa (siehe Seite 34)
- 1 Prise Salz
- 1 Prise gemahlener Pfeffer
- 50 g Mehl
- Sonnenblumenöl zum Braten

Die Knoblauchzehe schälen und zerdrücken. Die Brotscheiben in große Stücke schneiden und einige Sekunden in der Milch tränken. Das Fischfilet in große Stücke schneiden. Den Koriander waschen, trocken schütteln und die Blätter von den Stängeln zupfen.

Die Fischstücke mit Brot, Knoblauch, Korianderblättern, Ei und Harissa in einer Schüssel vermengen, bis eine pastenartige Masse entstanden ist. Mit Salz und Pfeffer würzen.

Die Masse zu Bällchen formen und auf einen Teller setzen.

Das Mehl auf einem Teller verteilen. Jedes Bällchen einzeln darin wenden.

Den Boden einer Pfanne mit Öl bedecken und erhitzen. Die Fischbällchen darin bei mittlerer Hitze braten. Zum Garen gibt es zwei Möglichkeiten: Entweder die Fischbällchen etwa 20 Minuten unter häufigem Wenden braten, bis sie schön gebräunt und durchgegart sind. Alternativ die Fischbällchen 10 Minuten braten und dann etwa 10 Minuten in der Brühe eines Couscousgerichts gar ziehen lassen.

COUSCOUS

Couscousrezepte gibt es mindestens genauso viele wie jüdische Familien. Die Rezepte, die ich für Sie ausgesucht habe, sind recht unterschiedlich. Meine Lieblingsrezepte sind Couscous vom Chef und Couscous mit Dickmilch. Die Brühe für den Couscous vom Chef ist dichter und trüber als andere und außerdem auch intensiver. Couscous mit Dickmilch wiederum ist lieblich und süß. Dicke Bohnen und Dickmilch sorgen für eine angenehme Säure und eine feinbittere Note. Einfach köstlich!

Couscousgerichte lassen sich nach Belieben abwandeln, und auch bei den folgenden Rezepten lässt sich alles anpassen. So kann eine Brühe aus dem einen Rezept mit dem Fleisch eines anderen kombiniert oder auch durch die Hackbällchen auf den vorherigen Seiten ersetzt werden. Das Wichtigste für ein gutes Couscousgericht ist aber, dass der Couscous korrekt gegart wird. Das macht den ganzen Unterschied! Wird er wie auf Seite 156 beschrieben gedämpft, kann er ausreichend quellen, Wasser und auch Öl aufnehmen und sein wunderbares Aroma entwickeln, das Welten besser ist als von Instant-Couscous.

Als ich in Tunesien war, habe ich erfahren, dass Couscous in einer maghrebinischen Familie ganz anders serviert wird als in einer sephardisch-jüdischen: Während man in einer maghrebinischen Familie die Couscouskörner in eine große Schüssel füllt und Fleisch oder Fisch, Gemüse und Brühe darauf anrichtet, werden in einer sephardischen Familie alle Bestandteile eines Couscousgerichts in separaten Schüsseln und Schalen serviert.

-Cumin-
1200
2800
-Haricot-
4400
-P. Doux-
800
-Poichiche-
4000
Rashanout
800
Couscous-diari
1600

Couscous garen

Damit Couscous (Hartweizengrieß) sein wunderbares Aroma entfalten kann, sollte er wie im Folgenden beschrieben in drei Schritten gegart werden. Die Zutatenmengen sind für 500 Gramm Grieß berechnet.

Erster Schritt

Den Couscous in eine sehr große Schüssel geben. Etwa 50 Milliliter Öl und 250 Milliliter lauwarmes Salzwasser zufügen. Die Körner zwischen den Fingern verreiben, bis die Flüssigkeit aufgenommen wurde. Einige Minuten quellen lassen. Den Dämpfeinsatz eines Couscous-Topfes mit vier Lagen Musselintuch auskleiden, damit die Körner nicht in die Brühe fallen können. Den Couscous hineingeben. Den Dämpfeinsatz auf den Topf setzen und den Couscous ohne Deckel etwa 20 Minuten garen.

Zweiter Schritt

Den Couscous wieder in die Schüssel füllen. Die Musselintücher im Dämpfeinsatz lassen. Den Couscous mit 50 Millilitern Öl und 200 Millilitern Wasser beträufeln und zwischen den Fingern verreiben, damit die Körner nicht zusammenklumpen. Da der Couscous sehr heiß ist, können Sie, um sich nicht die Finger zu verbrennen, auch einen Holzlöffel verwenden. Den Couscous wieder in den Dämpfeinsatz geben und den Einsatz auf den Topf setzen. Weitere 20 Minuten dämpfen.

Dritter Schritt

Den Couscous ein drittes Mal in die Schüssel füllen; die Musselintücher im Einsatz lassen. Erneut mit 50 Millilitern Öl und 200 Millilitern Wasser beträufeln und die Körner zwischen den Fingern verreiben, damit sie nicht zusammenklumpen. Da die Körner sehr heiß sind, kann auch ein Holzlöffel verwendet werden, um sich die Finger nicht zu verbrennen. Den Couscous wieder in den Einsatz füllen und den Einsatz auf den Topf setzen. Weitere 20 Minuten dämpfen.

Couscous vom Chef mit Rind- oder Lammfleisch

Für 4 Personen • Zubereitungszeit: 20 Minuten
Garzeit: 2 Stunden • Einweichzeit für die Kichererbsen: über Nacht

Zutaten

- 250 g Kichererbsen
- 1 kg Rinderschulter oder Lammnacken
- 1 große Zwiebel
- 2 Knoblauchzehen
- 300 ml Sonnenblumenöl plus etwas mehr zum Braten
- 2 EL Tomatenmark
- 1 TL Ras el-Hanout
- 1 kg Couscous
- Salz
- 4 Karotten
- 2 Steckrüben
- 2 Zucchini
- ½ Bund Koriander
- 2 frische Zweige Thymian
- 1 Messerspitze Harissa

Die Kichererbsen in eine Schüssel geben, mit Wasser bedecken und über Nacht quellen lassen. Das Wasser abgießen und die Kichererbsen abtropfen lassen.

Das Fleisch in große Stücke schneiden. Zwiebel und Knoblauchzehen schälen und fein hacken.

Den Boden eines Couscoustopfes mit Öl bedecken und erhitzen. Das Fleisch mit Zwiebel und Knoblauch darin bei mittlerer Hitze einige Minuten anbraten. So viel Wasser zugießen, dass das Fleisch gut bedeckt ist. Die Hitze etwas erhöhen. Wenn das Wasser kocht, den Schaum von der Oberfläche abschöpfen. Kichererbsen, Tomatenmark und Ras el-Hanout unterrühren und mit Salz würzen. Die Hitze reduzieren, den Deckel aufsetzen und 1 Stunde schmoren.

Den Couscous wie auf Seite 156 im ersten Schritt beschrieben mit 100 Millilitern Öl und 500 Millilitern lauwarmem Salzwasser ansetzen und 20 Minuten garen.

Die Karotten schälen und in große Stücke schneiden. Die Rüben schälen und halbieren. Wenn der Couscous zum ersten Mal gegart ist, Karotten und Rüben zum Fleisch geben.

Den Couscous wie auf Seite 156 im zweiten Schritt beschrieben mit 100 Millilitern Öl und 400 Millilitern warmem Salzwasser 20 Minuten garen.

Die Zucchini waschen, trocknen und in große Stücke schneiden. Die Kräuter waschen, trocken schütteln und die Blätter abzupfen. Wenn der Couscous zum zweiten Mal gegart ist, Zucchini, Kräuter und Harissa zum Fleisch geben.

Den Couscous wie auf Seite 156 beschrieben mit 100 Millilitern Öl und 400 Millilitern warmem Salzwasser 20 Minuten garen.

Die Fleischbrühe mit Salz abschmecken. Fleisch, Gemüse und Brühe sowie Couscous in separate Servierschüsseln geben.

Hähnchencouscous von Colette

Für 4 Personen • Zubereitungszeit: 20 Minuten • Garzeit: 1 Stunde 15 Minuten
Einweichzeit für die Kichererbsen: über Nacht

Zutaten

- 300 g Kichererbsen
- 300 ml Sonnenblumenöl plus etwas mehr zum Braten
- 1 küchenfertiges ganzes Hähnchen (oder auch 800 g Rinderhaxe)
- 1 TL Salz
- 1 kg Couscous
- 1 kleiner Weißkohl
- 2 Steckrüben
- 1 Selleriestange
- 3 Zucchini
- 200 g Kürbis

Die Kichererbsen in eine Schüssel geben, mit Wasser bedecken und über Nacht quellen lassen. Das Wasser abgießen und die Kichererbsen abtropfen lassen.

Den Boden eines Couscoustopfes mit Öl bedecken und erhitzen. Das Hähnchen darin bei mittlerer Hitze einige Minuten rundum anbraten. So viel Wasser zugießen, dass das Hähnchen bedeckt ist. Kichererbsen und Salz zufügen. Den Deckel aufsetzen und schmoren lassen.

Den Couscous wie auf Seite 156 im ersten Schritt beschrieben mit 100 Millilitern Öl und 500 Millilitern lauwarmem Salzwasser ansetzen und 20 Minuten garen.

Den Weißkohl waschen, vierteln und den Strunk herausschneiden. Die Rüben schälen und halbieren. Die Selleriestange ebenfalls halbieren. Wenn der Couscous zum ersten Mal gegart ist, das Gemüse zum Hähnchen geben.

Den Couscous wie auf Seite 156 im zweiten Schritt beschrieben mit 100 Millilitern Öl und 400 Millilitern lauwarmem Salzwasser 20 Minuten garen.

Zucchini und Kürbis waschen und trocknen. Die Zucchini in große Stücke schneiden. Den Kürbis gegebenenfalls schälen und in Stücke schneiden. Wenn der Couscous zum zweiten Mal gegart ist, Zucchini und Kürbis zum Hähnchen geben.

Den Couscous wie auf Seite 156 im dritten Schritt beschrieben mit 100 Millilitern Öl und 400 Millilitern lauwarmem Salzwasser 20 Minuten garen.

Die Brühe mit Salz abschmecken. Hähnchen, Gemüse und Brühe sowie Couscous in separate Servierschüsseln geben.

Couscous mit Dorade und Quitten

Für 4 Personen • Zubereitungszeit: 20 Minuten
Garzeit: 1 ½ Stunden • Einweichzeit für die Kichererbsen: über Nacht

Zutaten

- 250 g Kichererbsen
- 4 Doraden
- 1 große Zwiebel
- 1 Knoblauchzehe
- 300 ml Sonnenblumenöl plus etwas mehr zum Braten
- 1 kleine Dose Tomatenmark
- 1 TL Chilipulver
- Salz
- 1 kg Couscous
- 4 Karotten
- 2 rote Paprika
- 1 große Quitte

Die Kichererbsen in eine Schüssel geben, mit Wasser bedecken und über Nacht quellen lassen. Das Wasser abgießen und die Kichererbsen abtropfen lassen.

Die Doraden gegebenenfalls ausnehmen und entschuppen. Zwiebel und Knoblauchzehe schälen und fein hacken.

Den Boden eines Couscoustopfes mit Öl bedecken und erhitzen. Zwiebel und Knoblauch darin bei mittlerer Hitze einige Minuten anbraten. Den Topf vom Herd nehmen und mit 2 Liter Wasser ablöschen. Kichererbsen, Tomatenmark und Chilipulver zufügen. Mit Salz würzen. Bei niedriger Hitze wieder auf den Herd setzen und 30 Minuten garen.

Den Couscous wie auf Seite 156 im ersten Schritt beschrieben mit 100 Millilitern Öl und 500 Millilitern lauwarmem Salzwasser ansetzen und 20 Minuten garen.

Die Karotten schälen und in große Stücke schneiden. Die Paprika waschen, entkernen und vierteln. Die Quitte schälen, entkernen und vierteln. Wenn der Couscous zum ersten Mal gegart ist, Karotten, Paprika, Quitte und die Doraden in die Brühe mit den Kichererbsen geben.

Den Couscous wie auf Seite 156 im zweiten und dritten Schritt beschrieben mit je 100 Millilitern Öl und 400 Millilitern lauwarmem Salzwasser je 20 Minuten garen.

Die Brühe mit Salz abschmecken. Doraden, Gemüse und Brühe sowie Couscous in separate Servierschüssel geben.

Couscous von Mémé Rachel

Für 4 Personen • Zubereitungszeit: 20 Minuten
Garzeit: 2 Stunden • Einweichzeit für die Kichererbsen: über Nacht

Zutaten

- 300 g Kichererbsen
- 1 Zwiebel
- 4 Selleriestangen
- 1 kg Rinderschmorfleisch
- 300 ml Olivenöl plus etwas mehr zum Braten
- 1 TL Salz
- 1 kg Couscous
- 8 Artischocken
- 300 g frische dicke Bohnen
- 4 Zucchini
- 1 Bund Koriander

Die Kichererbsen in eine Schüssel geben, mit Wasser bedecken und über Nacht quellen lassen. Das Wasser abgießen und die Kichererbsen abtropfen lassen.

Die Zwiebel schälen und fein hacken. Den Sellerie waschen, putzen und in große Stücke schneiden. Das Fleisch ebenfalls in große Stücke schneiden.

Den Boden eines Couscoustopfes mit Öl bedecken und erhitzen. Die Zwiebel darin bei mittlerer Hitze einige Minuten anbraten. Das Fleisch mit Kichererbsen und Sellerie zufügen und mit Wasser bedecken. Das Salz zufügen, den Deckel aufsetzen und 1 Stunde schmoren.

Den Couscous wie auf Seite 156 im ersten Schritt beschrieben mit 100 Millilitern Öl und 500 Millilitern lauwarmem Salzwasser ansetzen und 20 Minuten garen.

Die Artischocken putzen und das Heu entfernen, sodass nur die Artischockenherzen übrig bleiben. Die dicken Bohnen palen. Wenn der Couscous zum ersten Mal gegart ist, Artischocken und dicke Bohnen zum Fleisch geben.

Den Couscous wie auf Seite 156 im zweiten Schritt beschrieben mit 100 Millilitern Öl und 400 Millilitern lauwarmem Salzwasser 20 Minuten garen.

Die Zucchini waschen, trocken tupfen und in große Stücke schneiden. Den Koriander waschen, trocken schütteln und die Blätter von den Stängeln zupfen. Wenn der Couscous zum zweiten Mal gegart ist, Zucchini und Korianderblätter zum Fleisch geben.

Den Couscous wie auf Seite 156 im dritten Schritt beschrieben mit 100 Millilitern Öl und 400 Millilitern lauwarmem Salzwasser 20 Minuten garen.

Die Brühe mit Salz abschmecken. Fleisch, Gemüse und Brühe sowie Couscous in separate Servierschüssel geben.

Couscous mit Dickmilch und dicken Bohnen

Auch dieses süße Couscousgericht wird als Hauptmahlzeit serviert.

Für 4 Personen • Zubereitungszeit: 15 Minuten
Garzeit: 20 Minuten • Fermentationszeit: 2 Tage

Zutaten

- 1 Liter Milch
- 2 Becher (à 150 g) Naturjoghurt
- 200 g Rosinen
- 500 g Couscous
- Salz
- 200 g gepalte dicke Bohnen (frisch oder TK-Ware)
- 80 g Butter
- 70 g Zucker

Die Milch mit dem Joghurt in einer Schüssel verrühren. Bei Zimmertemperatur ohne Abdeckung 2 Tage stehen lassen. Mit einem Schneebesen verrühren und in einen Krug füllen.

Die Rosinen in einer Schale mit lauwarmem Wasser bedecken und einweichen.

Den Couscous wie auf Seite 156 beschrieben 20 Minuten mit 500 Millilitern lauwarmem Salzwasser, aber ohne Öl ansetzen und garen. Abgedeckt beiseitestellen.

Inzwischen die dicken Bohnen 3 Minuten in einem Topf mit kochendem Wasser blanchieren. Frische Bohnen aus den Häuten drücken.

Die Butter klein würfeln und auf dem Couscous verteilen. Einige Minuten zerlassen, dann mit den Fingern in die Couscouskröner reiben, damit sie nicht klumpen. Den Zucker untermischen. Die Rosinen abtropfen lassen.

Couscous, dicke Bohnen und Rosinen in einzelne Schalen und Schüssel füllen. Die Dickmilch separat dazu reichen.

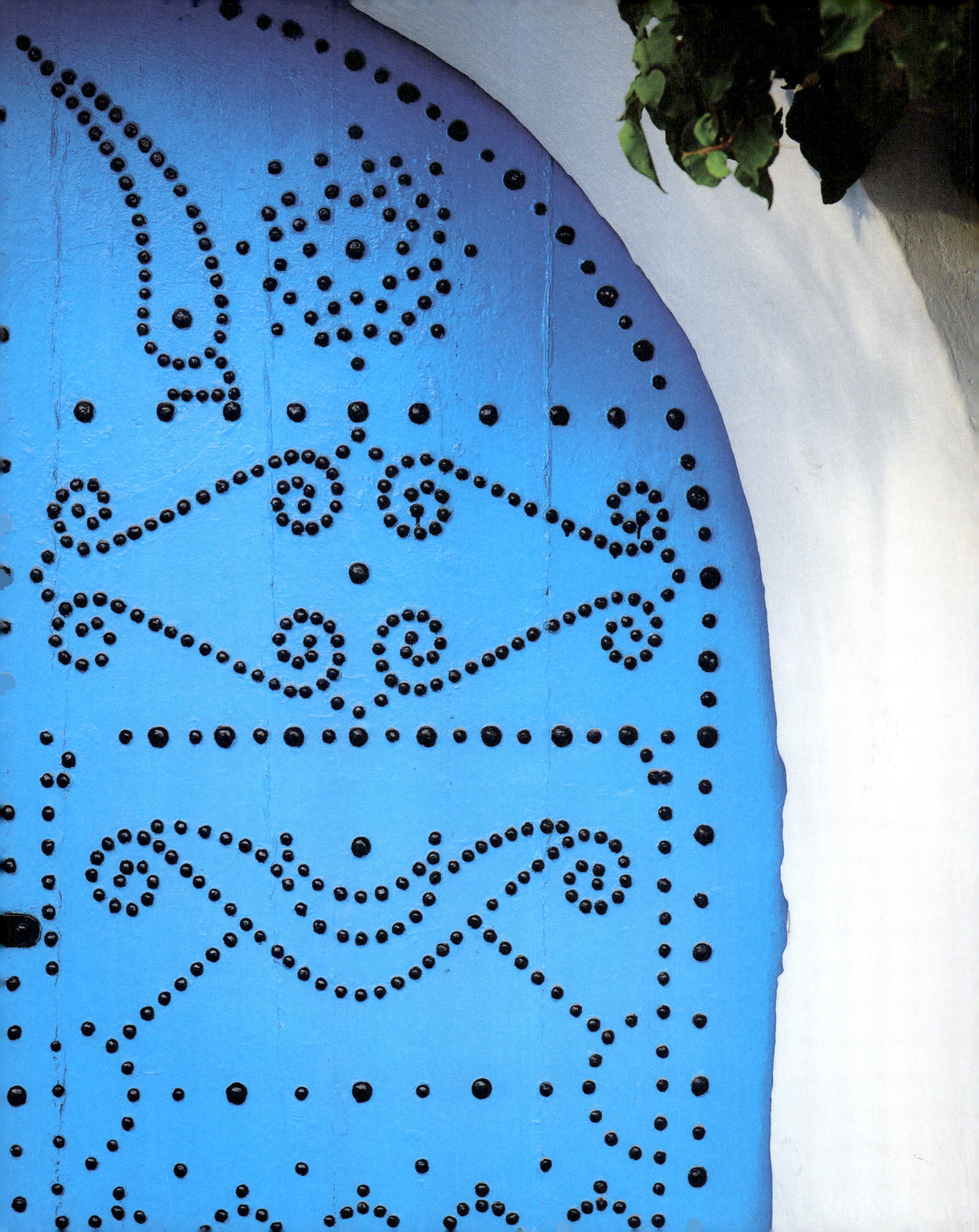

TAJINES

Tajines sind nordafrikanische Schmorgerichte, die in speziellen Gefäßen mit konischem Deckel gleichen Namens zubereitet werden. Für die folgenden Rezepte habe ich mich für einen großen gusseisernen Schmortopf entschieden, weil das Ergebnis fast genauso gut wird wie in einer traditionellen Tajine, der Topf aber wesentlich praktischer ist. Falls Sie eine Tajine besitzen, können Sie die Zutaten auch erst im Topf auf dem Herd vorgaren und dann in der Tajine im Ofen zu Ende garen. Oder Sie lassen sich von der alten Zubereitungsart leiten und schieben die Tajine nicht in den Ofen, sondern heizen den Holzkohlegrill an. Wenn dann eine schöne Glut entstanden ist, wird eine Vertiefung in die Mitte gedrückt und die Tajine hineingesetzt. Die weitere Garzeit ist wie bei der Zubereitung im Ofen.

Lammtajine mit Trockenpflaumen

Für 4 Personen • Zubereitungszeit: 15 Minuten
Garzeit: 1 Stunde 15 Minuten

Zutaten

- 1 kg Lammnacken
- 2 Karotten
- 1 Zwiebel
- 2 Knoblauchzehen
- 150 g kleine festkochende Kartoffeln
- Olivenöl zum Braten
- 1 Dose (400 g) gehackte Tomaten
- 100 g entsteinte Trockenpflaumen
- ½ TL Paellagewürz mit Safran
- 1 TL Ras el-Hanout
- ½ TL Zimtpulver
- 1 Prise gemahlener Kreuzkümmel
- Salz und Pfeffer

Den Lammnacken in große Stücke schneiden. Die Karotten schälen und in dicke Scheiben schneiden. Zwiebel und Knoblauchzehen schälen und fein hacken. Die Kartoffeln schälen und halbieren.

Etwas Olivenöl in einem gusseisernen Bräter erhitzen. Die Fleischstücke mit Zwiebel und Knoblauch darin unter regelmäßigem Wenden anbraten. Die Tomaten zufügen. Mit so viel Wasser auffüllen, dass die Zutaten knapp bedeckt sind. Trockenpflaumen, Kartoffeln und Gewürze zufügen. Bei aufgesetztem Deckel 1 Stunde schmoren. Mit Salz und Pfeffer abschmecken.

Zubereitung in der Tajine

Den Backofen auf 180 °C vorheizen. Etwas Öl in einem gusseisernen Topf erhitzen. Die Fleischstücke mit Zwiebel und Knoblauch darin einige Minuten anbraten. Die Tomaten zufügen. Mit so viel Wasser auffüllen, dass die Zutaten knapp bedeckt sind. Trockenpflaumen, Kartoffeln und Gewürze zufügen. Mit Salz und Pfeffer würzen. Die Mischung in eine große Tajine umfüllen. Den Deckel aufsetzen und 1 Stunde im vorgeheizten Ofen garen.

Tajine mit Rindfleisch oder Hackbällchen

Für 4 Personen • Zubereitungszeit: 15 Minuten
Garzeit: 1 Stunde 15 Minuten

Zutaten

- 1 kg Rinderbrust oder rohe Rinderhackbällchen (siehe Seite 144)
- 2 Karotten
- 1 Zwiebel
- 2 Knoblauchzehen
- 150 g kleine festkochende Kartoffeln
- Olivenöl zum Braten
- 2 Dosen (à 400 g) gehackte Tomaten
- 1 EL Tomatenmark
- ½ TL Paellagewürz mit Safran
- 1 TL Ras el-Hanout
- Salz und Pfeffer

Das Fleisch in große Stücke schneiden. Die Karotten schälen und in dicke Scheiben schneiden. Zwiebel und Knoblauchzehen schälen und fein hacken. Die Kartoffeln schälen und halbieren.

Etwas Olivenöl in einem gusseisernen Bräter erhitzen. Fleischstücke oder Hackbällchen mit Zwiebel und Knoblauch unter regelmäßigem Wenden anbraten. Tomaten und Tomatenmark zufügen. Mit so viel Wasser auffüllen, dass die Zutaten knapp bedeckt sind. Kartoffeln, Karotten und Gewürze zufügen. Mit Salz und Pfeffer würzen. Bei aufgesetztem Deckel 1 Stunde schmoren.

Zubereitung in der Tajine

Den Backofen auf 180 °C vorheizen. Etwas Öl in einem gusseisernen Topf erhitzen. Fleisch oder Hackbällchen mit Zwiebel und Knoblauch darin unter regelmäßigem Wenden einige Minuten anbraten. Tomaten und Tomatenmark zufügen. Mit so viel Wasser auffüllen, dass die Zutaten knapp bedeckt sind. Kartoffeln, Karotten und Gewürze zufügen. Mit Salz und Pfeffer würzen. Die Mischung in eine große Tajine umfüllen. Den Deckel aufsetzen und 1 Stunde im vorgeheizten Ofen garen.

Hähnchentajine mit Chermoula, Oliven und eingelegten Zitronen

Für 4 Personen • Zubereitungszeit: 15 Minuten
Garzeit: 1 Stunde • Marinierzeit: 1 Stunde

Zutaten

- 6 Hähnchenschenkel
- 1 Rezeptmenge Chermoula (siehe Seite 44)
- 200 g kleine festkochende Kartoffeln
- 1 Bund Koriander
- 1 Bund Minze
- 3 eingelegte Zitronen (siehe Seite 28)
- 1 Zwiebel
- Olivenöl zum Braten
- 150 g entsteinte grüne Oliven
- 1 TL Paellagewürz mit Safran
- Salz und Pfeffer

Die Hähnchenschenkel in eine Auflaufform legen. Mit der Chermoula bestreichen und im Kühlschrank 1 Stunde marinieren.

Die Kartoffeln schälen und halbieren. Die Kräuter waschen, trocken schütteln und grob hacken. Die eingelegten Zitronen vierteln. Die Zwiebel schälen und fein hacken.

Etwas Öl in einem gusseisernen Topf erhitzen. Die Zwiebel darin einige Minuten anbraten. Die Hähnchenschenkel zufügen. Mit Wasser bedecken. Kartoffeln, Koriander und Minze, eingelegte Zitronen, Oliven und Paellagewürz zufügen. Mit Salz und Pfeffer würzen. Bei aufgesetztem Deckel 1 Stunde schmoren.

Zubereitung in der Tajine

Den Backofen auf 180 °C vorheizen. Etwas Öl in einem gusseisernen Topf erhitzen. Die Zwiebel darin einige Minuten anbraten. Die Hähnchenschenkel zufügen. Mit Wasser bedecken. Koriander und Minze, eingelegte Zitronen, Oliven und Paellagewürz zufügen. Mit Salz und Pfeffer würzen. Die Mischung in eine Tajine füllen und die Kartoffeln darauflegen. Bei aufgesetztem Deckel 1 Stunde im vorgeheizten Backofen garen.

Hähnchen-Eier-Pastilla von Geneviève

Geneviève ist eine äußerst erfahrene Bretonin in Sachen sephardische Küche. Seit 35 Jahren begeistern mich ihre Teigtaschen, Tajines und Salate. Ihre Pastilla, deren Rezept Sie hier finden, ist eine subtile Komposition aus süßen und salzigen Aromen. Ich glaube, dass ich nie eine bessere gegessen habe.

Für 4 Personen • Zubereitungszeit: 40 Minuten
Garzeit: 2 Stunden

Zutaten

- 120 g Butter
- 100 g gemahlene Mandeln
- 25 g Zimtpulver, plus 1 TL mehr
- 100 g Zucker
- 3 mittelgroße Zwiebeln
- 1 Bund Koriander
- 1 Bund glatte Petersilie
- 1 küchenfertiges ganzes Hähnchen
- 2 EL Sonnenblumenöl
- 1 TL Ras el-Hanout
- Salz und Pfeffer
- 15 Eier
- 2 Packungen Brikteig (20 Teigblätter)

80 g Butter bei Zimmertemperatur weich werden lassen.

Mandeln, Zimt und Zucker in einer Schüssel sorgfältig mischen und beiseitestellen.

Die Zwiebeln schälen und fein hacken. Koriander und Petersilie waschen, trocken schütteln und hacken. Die Hähnchenflügel und -schenkel abtrennen. Die Hähnchenbrüste herauslösen. Die Karkasse beiseitelegen.

Sonnenblumenöl und restliche 40 Gramm Butter in einem großen gusseisernen Topf erhitzen und die Zwiebeln darin andünsten. Die Hähnchenkarkasse mit Flügeln, Schenkeln und Brüsten darin einige Minuten bei mittlerer Hitze anbraten. Petersilie und Koriander, Ras el-Hanout und 1 Teelöffel Zimt zufügen. Mit Salz und Pfeffer würzen. Den Deckel aufsetzen und 45 Minuten bei niedriger Hitze garen. Alle Hähnchenteile aus dem Topf nehmen und erkalten lassen. Den Bratsud aufbewahren.

Die Eier in einer großen Schüssel mit einem Handmixer 5 Minuten glatt rühren. Zum Bratsud in den Topf gießen und auf niedrigster Stufe unter ständigem Rühren erhitzen, bis die Masse festem Rührei gleicht und ganz trocken ist, damit sie den Brikteig nicht aufweicht. Auf einen Teller geben und erkalten lassen.

Das Fleisch von Hähnchenschenkeln, -flügeln und -karkasse lösen und in kleine Stücke schneiden.

Bitte umblättern

ADAMS
COUNTY
NATIONAL BANK

Den Backofen auf 180 °C vorheizen. Eine große runde Auflaufform mit etwas weicher Butter einfetten. Boden und Rand der Form so mit zwei Lagen Brikteig auskleiden, dass sie sich etwa zur Hälfte überlappen. Wenn die Form nicht vollständig ausgekleidet ist, noch weitere Teigblätter verwenden. Das Hähnchenfleisch gleichmäßig darauf verteilen. Mit zwei Teigblättern bedecken und mit weicher Butter bestreichen. Die Eiermasse gleichmäßig darauf verteilen. Mit zwei Teigblättern bedecken und mit weicher Butter bestreichen. Die Mandelmischung darauf verteilen, mit weiteren 2 Teigblättern bedecken und mit weicher Butter bestreichen.

Überstehende Teigblätter über die Pastilla schlagen. Mit weiteren 2 Teigblättern bedecken, dabei die Teigränder nach unten zwischen den Rand der Form und der Pastilla stecken. Die Oberfläche mit der restlichen Butter bestreichen.

Die Form mit Alufolie abdecken und 30 Minuten im vorgeheizten Ofen backen. Die Alufolie entfernen und weitere 10 Minuten backen, bis die Teigoberfläche schön gebräunt ist.

كركم دياري
عال
فلفل حار
دياري عال
تابل وكروية
دياري
عال

BEILAGEN

LATKES

Zwar findet man Latkes heute auch das ganze Jahr über in vielen New Yorker Delis, doch eigentlich werden Latkes, die traditionell in Fett ausgebacken werden, hauptsächlich zu Chanukka serviert. Die Puffer lassen sich mit verschiedenstem Gemüse zubereiten. Wichtig ist nur, dass das Gemüse nicht allzu viel Wasser enthält wie beispielsweise Zucchini oder andere Kürbisgewächse.

Klassische Latkes

Für 4 Personen • Zubereitungszeit: 20–25 Minuten
Garzeit: 20 Minuten (in der Pfanne) oder 30 Minuten (im Ofen)

Zutaten

- 1 kg Kartoffeln
- 1 mittelgroße Zwiebel
- ½ Knoblauchzehe
- 2 Eier
- 30 g Mehl
- 1 Prise Natron
- 1 Prise geräuchertes Paprikapulver
- Salz und Pfeffer
- Sonnenblumenöl zum Braten

Bei der Ofenmethode den Backofen auf 220 °C vorheizen.

Die Kartoffeln schälen und raspeln (nicht zu fein reiben, damit sie ihre Textur nicht verlieren). In ein Sieb geben und möglichst gut ausdrücken, dann auf Küchenpapier ausbreiten und trocken tupfen. In eine Schüssel geben.

Die Zwiebel schälen und ebenfalls grob raspeln. Die Knoblauchzehe schälen und zerdrücken. Zusammen mit der Zwiebel unter die Kartoffelraspel mischen. Die Eier verquirlen und mit Mehl, Natron und Paprikapulver unter die Kartoffeln mischen. Mit Salz und Pfeffer würzen.

Die Latkes entweder in der Pfanne oder im Ofen zubereiten.

Für die Pfannenmethode den Boden einer Pfanne großzügig mit Öl bedecken und einige Minuten auf mittlerer Stufe erhitzen. Um zu testen, ob das Öl heiß genug ist, etwas Kartoffelmasse hineingeben. Wenn sich sofort kleine Bläschen darum bilden, hat das Öl die richtige Temperatur. Die Kartoffelmasse in etwa 6 Zentimeter großen Puffern in die Pfanne geben und von beiden Seiten knusprig braun braten. Auf Küchenpapier abtropfen lassen.

Für die Ofenmethode ein Backblech großzügig mit Sonnenblumenöl einfetten und etwa 10 Minuten im Ofen heiß werden lassen. Die Masse in etwa 6 Zentimeter großen Puffern daraufsetzen und 15 Minuten von jeder Seite im heißen Ofen knusprig braun backen. Auf Küchenpapier abtropfen lassen.

NOSHES
BLINI, CREME FRAICH
BY THE GRAM
AMERICAN
SIBERIAN
OSETRA
PADDLEFISH
HACKLEBACK
50
175 · 345
175 · 345 · 650
255 · 550 · 1045
105 · 175 · 305
120 · 210 · 370
RUSS CAVIAR FLIGHT | 140
GRAMS OF OSETRA, SIBERIAN & AMERICAN
AUGHTERS CAVIAR FLIGHT | 100
RAMS OF AMERICAN, PADDLEFISH & HACKLEBACK
BLINTZES | 8
FRUIT COMPOTE, SOUR CREAM
BABKA FRENCH TOAST | 10
CHOCOLATE BABKA, SOUR CREAM, BERRIES
WALNUTS, GRAPEFRUIT, WATERCRESS, PUMPERNICKEL, GOAT CHEESE DRESSING
Chopped Salad 14
SMOKED WHITEFISH, AVOCADO, EGG, BEETS, APPLE, MATZO, BUTTERMILK DRESSING
NOODLE KUGEL | 7
FARMER CHEESE, RAISINS
HOT | 12
BOILED POTATO, RAW ONION,
HERRING PLATE | 20
AN ASSORTMENT OF RUSS & DAUGHTERS HERRING
FILLET OF PICKLED HERRING | 7
CREAM SAUCE & PICKLED ONIONS, SIDE OF PUMPERNICKEL BREAD
SUNNY SIDE UP
SALMON, POTAT
EGGS BENNY
POACHED EGGS,
SAUTÉED SPINACH,
FARM EGG OM
GASPE NOVA SMOKED
SOFT SCRAMBLE
WITH CAVIAR
CUSTARD-LIKE EGG, CAV
- AMERICAN TRANSMONT
- PADDLEFISH | 60
RUSS & DAUGHTER
BREAD BASKET
BAGEL, BIALY, SHISSEL RYE
PUMPERNICKEL Gluten-free
SOURS | 7

Latkes mit Kohl

Für 4 Personen • Zubereitungszeit: 20–25 Minuten
Garzeit: 20 Minuten (in der Pfanne) oder 30 Minuten (im Ofen)

Zutaten

- 700 g festkochende Kartoffeln
- 1 mittelgroße Zwiebel
- ½ Knoblauchzehe
- 300 g Blumenkohl, Wirsing oder Grünkohl
- 2 Eier
- 1 TL Currypaste
- 30 g Mehl
- 1 Prise Natron
- Salz und Pfeffer
- Sonnenblumenöl zum Braten

Bei der Ofenmethode den Backofen auf 220 °C vorheizen.

Die Kartoffeln schälen und raspeln (nicht zu fein reiben, damit sie ihre Textur nicht verlieren). In ein Sieb geben und möglichst gut ausdrücken, dann auf Küchenpapier ausbreiten und trocken tupfen. In eine Schüssel geben.

Die Zwiebel schälen und ebenfalls grob raspeln. Die Knoblauchzehe schälen und zerdrücken.

Den Kohl waschen und in einem Topf mit kochendem Wasser 3 Minuten blanchieren. Das Wasser abgießen. Den Kohl abtropfen lassen und gut mit Küchenpapier trocken tupfen. Den Blumenkohl in kleine Stücke schneiden. Wenn Sie Wirsing oder Grünkohl verwenden, diesen in Streifen schneiden.

Die Eier mit der Currypaste verquirlen. Zwiebel, Knoblauch und Kohl unter die Kartoffeln mischen. Eiermischung, Mehl und Natron unterrühren. Mit Salz und Pfeffer würzen.

Die Latkes wie auf Seite 180 beschrieben entweder in der Pfanne oder im Ofen garen.

Süße Latkes

Für 4 Personen • Zubereitungszeit: 20–25 Minuten
Garzeit: 20 Minuten (in der Pfanne) oder 30 Minuten (im Ofen)

Zutaten

- 100 g Haselnüsse
- 300 g festkochende Kartoffeln
- 700 g Süßkartoffeln
- 2 Eier
- 30 g Mehl
- 1 Prise Natron
- 50 g Zucker
- 20 g Zimtpulver
- Sonnenblumenöl zum Braten

Bei der Ofenmethode den Backofen auf 220 °C vorheizen.

Die Haselnüsse grob hacken.

Die Kartoffeln schälen und raspeln (nicht zu fein reiben, damit sie ihre Textur nicht verlieren). In ein Sieb geben und möglichst gut ausdrücken, dann auf Küchenpapier ausbreiten und trocken tupfen. In eine Schüssel geben.

Die Süßkartoffeln schälen und ebenfalls grob raspeln. Die Stücke sollten recht trocken sein, sodass sie nicht ausgedrückt werden müssen.

Die Eier verquirlen. Zusammen mit Süßkartoffeln, Haselnüssen, Mehl, Natron, Zucker und Zimt unter die Kartoffeln mischen.

Die Latkes wie auf Seite 180 beschrieben entweder in der Pfanne oder im Ofen garen.

KUGEL

Ein Kugel ist eine Art Nudelauflauf aus der aschkenasisch-jüdischen Küche, der sowohl süß als auch herzhaft sein kann. Weil ich Kugel allein eher langweilig finde, stelle ich Ihnen sowohl die herzhafte wie die süße Variante mit je einer Sauce vor, die, wie Sie sehen werden, dem Ganzen viel Pep und Geschmack verleihen und den Kugel auch nicht so trocken schmecken lassen.

Herzhafter Kugel

Für 4 Personen • Zubereitungszeit: 20 Minuten
Garzeit: etwa 35 Minuten (in der Pfanne) oder 55 Minuten (im Ofen)

Zutaten

- 200 g Pasta (Fusilli)
- Salz
- 50 g Butter
- 5 Eier
- 200 g Crème fraîche
- 125 g Frischkäse
- ½ Würfel Geflügelbrühe
- Pfeffer
- Mehl zum Bestäuben

Für die Käsesauce:

- 80 g Butter
- 80 g Mehl
- 600 ml Milch
- 100 g geriebener Cheddar
- Salz und Pfeffer

Bei der Ofenmethode den Backofen auf 180 °C vorheizen.

Die Pasta 6 Minuten in kochendem Salzwasser vorgaren. Sie sollte noch ordentlich Biss haben. Das Wasser abgießen und die Pasta in einem Sieb gut abtropfen lassen. Mit 25 Gramm Butter in einer Schüssel vermengen, damit die Nudeln nicht zusammenkleben, und abkühlen lassen. Dann in eine Pfanne geben und darin einige Minuten bei starker Hitze knusprig braten. In eine Schüssel geben.

Die Eier in die Schüssel der Küchenmaschine geben und auf mittlerer Stufe 2 Minuten schaumig rühren. Nach und nach Crème fraîche und Frischkäse einarbeiten und weitere 5 Minuten auf mittlerer Stufe rühren. Dann den Brühwürfel hineinkrümeln. Mit Salz und Pfeffer würzen.

Den Kugel entweder in der Pfanne oder im Ofen garen:

Für die Pfannenmethode (der Kugel gleicht dann einem Pastaomelett) die Eiermasse über die Pasta gießen. Die restliche Butter in einer großen Pfanne zerlassen. Die Pastamischung hineingeben und von beiden Seiten braun braten.

Für die Ofenmethode (der Kugel gleicht dann einem Nudelauflauf) die Eiermasse über die Pasta gießen und mit einem Holzlöffel vermengen. Eine rechteckige Auflaufform (etwa 20 x 15 Zentimeter) mit der restlichen Butter einfetten und mit Mehl ausstäuben. Die Pastamischung in die Auflaufform geben und im vorgeheizten Ofen 45 Minuten backen.

Für die Käsesauce die Butter in einem Topf zerlassen. Den Topf vom Herd nehmen und das Mehl unter Rühren einstreuen. Die Milch in einem dünnen Strahl unter Rühren zugießen (die Milch nicht zu schnell zugeben, sonst können Klümpchen entstehen). Wenn die Masse glatt ist, den Topf wieder auf den Herd setzen, den Käse zufügen und rühren, bis er geschmolzen und die Sauce eingedickt ist. Mit Salz und Pfeffer abschmecken. Die Käsesauce zum Kugel servieren.

Süßer Kugel

Für 4 Personen • Zubereitungszeit: 25 Minuten
Garzeit: etwa 55 Minuten • Einweichzeit: 2 Stunden

Zutaten

- 100 g Rosinen
- 200 g Pasta (Fusilli)
- 50 g Butter
- 5 Eier
- 4 EL brauner Zucker
- 200 g Crème fraîche
- 125 g Frischkäse
- 1 TL Zimtpulver
- Mehl zum Ausstäuben

Für die Vanillesauce:

- 3 Eigelb
- 60 g Zucker
- ½ Vanilleschote
- 500 ml Milch

Die Rosinen in einer Schüssel mit Wasser bedecken und 2 Stunden einweichen lassen.

Den Backofen auf 180 °C vorheizen.

Die Pasta 6 Minuten in kochendem Salzwasser vorgaren. Sie sollte noch ordentlich Biss haben. Das Wasser abgießen und die Pasta in einem Sieb gut abtropfen lassen. Mit 25 Gramm Butter in einer Schüssel vermengen, damit die Nudeln nicht zusammenkleben, und abkühlen lassen.

Eier und Zucker in die Schüssel der Küchenmaschine geben und auf mittlerer Stufe 5 Minuten schaumig rühren. Nach und nach Crème fraîche und Frischkäse einarbeiten und weitere 5 Minuten auf mittlerer Stufe rühren. Die Rosinen abtropfen lassen und zusammen mit dem Zimt unter die Eiermasse ziehen.

Die Eiermasse über die Pasta gießen und mit einem Holzlöffel vermengen. Eine rechteckige Auflaufform (etwa 20 x 15 Zentimeter) einfetten und mit Mehl ausstäuben. Die Pastamischung in die Form geben und im vorgeheizten Ofen 45 Minuten backen.

Für die Vanillesauce Eigelb und Zucker in die Schüssel der Küchenmaschine geben und auf hoher Stufe cremig rühren.

Das Mark aus der Vanilleschote kratzen, mit der Milch in einen großen Topf geben und zum Kochen bringen.

Die heiße Vanillemilch in einem dünnen Strahl unter Rühren in die Eiermasse gießen und auf mittlerer Stufe 2 Minuten rühren. Die Sauce zurück in den Topf gießen und auf niedrigster Stufe erhitzen, bis sie auf die gewünschte Konsistenz eingedickt ist.

Majadra

Dieses Gericht aus dem Mittleren Osten besteht aus Linsen und Reis. Man kann es als Hauptgericht oder als Beilage servieren. Der Legende nach ist dieses Rezept die moderne Version jenes roten Linsengerichts, mit dem Jakob seinem hungrig vom Feld heimkehrenden älteren Bruder Esau das Erstgeburtenrecht abluchsen konnte.

Für 4 Personen • Zubereitungszeit: 15 Minuten
Garzeit: etwa 3 Stunden

Zutaten

- 2 Würfel Hühnerbrühe
- 2 mittelgroße Zwiebeln
- 4 EL Olivenöl
- 225 g rote Linsen
- 225 g Reis
- 1 TL Paellagewürz mit Safran
- 1 große Prise gemahlener Kreuzkümmel
- Salz und Pfeffer

In einem Topf 4 Liter Wasser zum Kochen bringen. Die Brühwürfel hineinkrümeln, den Deckel aufsetzen und das Wasser etwa 15 Minuten köcheln lassen.

Die Zwiebeln schälen und in feine Ringe schneiden. Das Olivenöl in einer hohen Pfanne oder einem Wok erhitzen und die Zwiebeln darin knusprig braten. Mit einem Schaumlöffel auf einen Teller heben.

Nun die Linsen ins heiße Fett geben und etwa 5 Minuten braten. Knapp mit Brühe bedecken und bei aufgesetztem Deckel auf niedriger Stufe köcheln lassen. Wenn die Linsen die ganze Flüssigkeit aufgesogen haben, den Reis einrühren und etwas Brühe nachgießen. Etwa 2 ½ Stunden garen und immer wieder Brühe zugießen, sobald die Mischung trocken wird. Das Paellagewürz untermischen und weitere 10 Minuten garen. Den Kreuzkümmel untermischen und mit Salz und Pfeffer abschmecken. Die Linsen-Reis-Mischung auf eine Platte geben und die Röstzwiebeln darauf anrichten. Übrig bleibende Brühe kann eingefroren werden.

Nach Belieben können auch Erbsen oder gewürfelte Karotten mit dem Reis in den Topf gegeben werden.

Kascha

Die Hauptzutat für dieses Gericht ist gerösteter Buchweizen, der wie Pilaw zubereitet wird. Kascha wird meistens als Beilage serviert, manchmal aber auch als Hauptgericht. Mit Kartoffelpüree gemischt, wird diese Buchweizengrütze auch als Füllung für Knisches (siehe Seite 252) verwendet.

Für 4 Personen • Zubereitungszeit: 10 Minuten
Garzeit: etwa 25 Minuten

Zutaten

- 400 g Buchweizen
- 1 Zwiebel
- 300 g Gänseschmalz
- Salz und Pfeffer

Den Backofen auf 140 °C vorheizen. Den Buchweizen auf einem Backblech verteilen und im heißen Ofen 5–10 Minuten rösten. Bereits gerösteter Buchweizen ist mitunter in Reformhäusern und Bio-Supermärkten zu finden. In diesem Fall können Sie den Schritt überspringen.

Die Zwiebel schälen und fein hacken.

Das Gänseschmalz in einem Topf zerlassen. Die Zwiebel darin bei mittlerer Hitze einige Minuten anbraten. Den Buchweizen zufügen und einige Minuten rühren, bis die Körner mit dem Fett überzogen sind und glänzen.

Zu drei Viertel mit Wasser bedecken und mit Salz und Pfeffer würzen. Bei aufgesetztem Deckel etwa 20 Minuten garen. Dabei gelegentlich den Wasserstand prüfen und gegebenenfalls Wasser zugießen. Als Beilage servieren.

Jachnun

Jachnun („Djachnun" ausgesprochen) ist eine Art Blätterteigrolle mit ganz ungewöhnlicher Textur und schmeckt weder süß noch salzig. Es handelt sich um eine jemenitische Sabbat-Spezialität, die wie viele Sabbat-Gerichte bereits am Freitagabend zubereitet wird und dann bis zum Samstagmittag gart. Traditionell wird Jachnun in einer Art runder verschließbarer Weißblechdose gegart, damit der Dampf nicht entweichen kann. Deshalb mein Tipp: Prüfen Sie nicht alle 5 Minuten, ob die Jachnuns fertig sind, weil sie sonst nur trocken werden. Ich verwende zum Garen einen gusseisernen Topf mit 20 Zentimeter Durchmesser; es klappt aber auch in einer Keksdose aus stabilem Blech.

Für 4 Personen • Zubereitungszeit: 2 Stunden
Garzeit: 12 Stunden 20 Minuten • Ruhezeit: 1 Stunde 20 Minuten

Zutaten

- 250 g Margarine
- 1 kg Mehl
- 2 gehäufte EL Zucker
- 1 gehäufter EL Salz
- 1 Päckchen Backpulver
- Sonnenblumenöl zum Einfetten

Zum Servieren:

- 10 hart gekochte Eier
- 4 große Tomaten
- Zhoug (siehe Seite 44)

Die Margarine bei Zimmertemperatur weich werden lassen.

Das Mehl in eine große Schüssel sieben. Zucker, Salz und Backpulver untermischen.

Nach und nach etwa 600 Milliliter Wasser einarbeiten und kneten, bis der Teig nicht mehr an den Fingern klebt und elastisch ist. Wenn der Teig zu fest wirkt, noch weiteres Wasser einarbeiten.

Die Hände leicht mit Öl einfetten. Den Teig zu einer runden Scheibe formen und mit einem Tuch abgedeckt an einem trockenen, vor Zugluft geschützten Ort 1 Stunde ruhen lassen. Den Teig vorher dünn mit Öl bestreichen, damit sich keine Kruste bildet.

Den Teig erneut mit eingeölten Händen durchkneten, um Luftblasen herauszudrücken. In 10 Portionen teilen, diese zu Kugeln formen und weitere 20 Minuten ruhen lassen.

Inzwischen Boden und Seiten eines Topfes mit Backpapier auskleiden und mit Margarine einfetten.

Die Hände mit Margarine einfetten. Eine Arbeitsfläche reinigen und mit Margarine einfetten. Eine Teigkugel möglichst gleichmäßig von Hand quadratisch so dünn ausziehen, dass die Arbeitsfläche durchscheint, und dabei immer wieder etwas Margarine auf der Oberfläche verstreichen. Das obere und das

Bitte umblättern

untere Teigdrittel über die Mitte schlagen und den Teigstreifen aufrollen. Auf die gleiche Weise die anderen Teigportionen verarbeiten. Die Rollen dicht an dicht in den Topf setzen, sodass dazwischen möglichst kein Platz bleibt.

Den Backofen auf 100 °C vorheizen.

Etwa 150 Milliliter Wasser in den Topf gießen und auf dem Herd bei niedriger Hitze etwa 20 Minuten garen.

Den Deckel aufsetzen und über Nacht (mindestens 12 Stunden) im vorgeheizten Ofen garen, bis die Teigrollen eine schöne goldbraune Farbe haben. Die Jachnuns mit hart gekochten Eiern, klein gehackten Tomaten und etwas Zhoug servieren.

Farfels

Farfels sind so etwas wie aschkenasische Nikitouches (siehe Seite 220), die ebenfalls meistens in Hühnerbrühe serviert werden. Die Farfels werden 3–4 Minuten in der heißen Brühe gegart und darin serviert. Aber man kann sie auch wie Nudeln als Beilage zu einem Hauptgericht servieren.

Zubereitungszeit: 20 Minuten • Garzeit: 10 Minuten
Ruhezeit: 6 Stunden 20 Minuten

Zutaten

- 400 g Mehl
- 4 große Prisen Salz
- 6 Eier
- 3 Liter Hühner- oder Gemüsebrühe (siehe Seite 201 oder Seite 200)

Mehl und Salz in einer Schüssel mischen. Die Eier zufügen und alles von Hand 10 Minuten zu einem recht festen Teig verkneten. Den Teig zu kleinen Kugeln formen, damit er schneller trocknet. Die Teigkugeln ohne Abdeckung 6 Stunden ruhen und trocknen lassen.

Die Teigkugeln auf einen großen Teller raspeln. Dann die Raspel in einer großen Pfanne einige Minuten unter ständigem Rühren rösten. Sie sollen nicht gegart, sondern nur weiter getrocknet und leicht gebräunt werden, sodass sie auch etwas fester werden. Die Raspel auf einen Teller geben und etwa 20 Minuten abkühlen lassen. Größere Klumpen von Hand zerkrümeln.

Die Brühe zum Kochen bringen. Die Farfels darin etwa 10 Minuten garen.

SUPPEN

KNEIDLER

Normalerweise werden Kneidler zu Pessach serviert, weil sie aus Matzenmehl zubereitet werden und somit der Tradition entsprechen. Aber insbesondere in der jüdischen Gemeinde von New York gilt, wie man häufig lesen oder hören kann, Hühnerbrühe mit Kneidler als eine Art jüdisches Penizillin, das jedes Zipperlein kuriert. Hier finden Sie die klassische Kneidler-Version mit Hühner- oder Gemüsebrühe sowie zwei weitere, unkonventionellere Varianten, die ich regelmäßig selbst zubereite und sehr gern mag.

Katz's
DELICATESSEN
THAT'S ALL
KATZ'S
KATZ'S
KATZ'S DELICATESSEN
KATZ'S DELICATESSEN
ESTABLISHED 1888

Gemüsebrühe

Für 4 Personen • Zubereitungszeit: 15 Minuten
Garzeit: 2 Stunden

Zutaten

- 2 Porreestangen (nur der weiße Teil)
- 2 Selleriestangen
- 3 Karotten
- 1 Steckrübe
- 1 Bouquet garni (Lorbeer, Thymian, Rosmarin)
- Salz und Pfeffer

Den Porree waschen und den oberen Teil kreuzförmig tief einschneiden. Die Selleriestangen waschen und in Stücke schneiden.

Karotten und Steckrübe schälen und in grobe Stücke schneiden.

4 Liter Wasser in einen großen Topf füllen. Das Gemüse mit dem Bouquet garni hineingeben und mit Salz und Pfeffer würzen. Mindestens 2 Stunden bei geschlossenem Deckel köcheln lassen. Mit Salz und Pfeffer abschmecken.

Die Brühe kann mit Gemüsestücken serviert werden. Alternativ die Brühe durch ein feines Sieb passieren, um die Gemüsestücke zu entfernen.

Das Gemüse kann dann püriert wieder in die Brühe gerührt werden oder allein mit etwas Senf oder einfachem Chrain bzw. Rote-Bete-Chrain (siehe Seite 32) serviert werden.

Hühnerbrühe

Für 4 Personen • Zubereitungszeit: 30 Minuten
Garzeit: 2 Stunden 10 Minuten

Zutaten

- 2 Selleriestangen
- 2 Porreestangen (nur der weiße Teil)
- 3 Karotten
- 1 Zwiebel
- Sonnenblumenöl zum Bestreichen und Braten
- 1 Hühnerkarkasse
- 2 Hähnchenschenkel
- 250 g küchenfertiges Hühnerklein
- 1 Bouquet garni (Lorbeer, Thymian, Rosmarin)
- Salz und Pfeffer

Die Selleriestangen waschen und in Stücke schneiden. Den Porree waschen und kreuzweise tief einschneiden. Die Karotten schälen und in grobe Stücke schneiden. Die Zwiebel schälen und halbieren. Die Schnittflächen der Zwiebelhälften mit Öl bestreichen und in einer heißen Pfanne anrösten, bis sie fast schwarz sind. Das sorgt für ein feines Röstaroma in der Brühe.

Karkasse und Hähnchenschenkel zerlegen.

Den Boden eines großen Topfes mit Öl bedecken und heiß werden lassen. Karkassen, Hähnchenschenkel und Hühnerklein einige Minuten darin anbraten.

Mit 4 Litern Wasser ablöschen. Gemüse und Bouquet garni zufügen und mit Salz und Pfeffer würzen. Bei aufgesetztem Deckel mindestens 2 Stunden köcheln lassen. Mit Salz und Pfeffer abschmecken. Die Brühe kellenweise durch ein feines Sieb passieren. Die Fleischstücke ausdrücken, um möglichst viele Aromen zu gewinnen. Das Gemüse kann in der Brühe serviert werden, püriert oder pur mit etwas Senf oder einfachem Chrain bzw. Rote-Bete-Chrain (siehe Seite 32) serviert werden.

Kneidler nach Madame Frydman

Für 4 Personen • Zubereitungszeit: 15 Minuten
Garzeit: 15 Minuten

Zutaten

- 6 Eier
- 25 ml Sonnenblumenöl
- Salz und Pfeffer
- 180 g Matzenmehl

Die Eier trennen. Die Eiweiße in die Schüssel der Küchenmaschine geben und steif schlagen.

Die Eigelbe in einer kleinen Schüssel mit dem Öl und 25 Millilitern Wasser verrühren. Mit Salz und Pfeffer würzen.

Die Eigelbmasse über den Eischnee gießen und etwas Matzenmehl darüberstreuen. Mit einem Holzlöffel oder einem Teigschaber vorsichtig unterheben, sodass der Eischnee nicht zusammenfällt. Nach und nach das restliche Mehl vorsichtig unterheben.

Die Masse probieren und gegebenenfalls nachwürzen.

Salzwasser in einem Topf zum Kochen bringen. Eine Schüssel mit kaltem Wasser zum Befeuchten der Hände daneben bereitstellen. Mit befeuchteten Händen tischtennisballgroße Bällchen aus der Masse formen und ins siedende Salzwasser gleiten lassen.

Die Kneidler etwa 15 Minuten gar ziehen lassen. Mit einem Schaumlöffel herausnehmen, kurz abtropfen lassen und als Einlage in einer Gemüse- oder Hühnerbrühe (siehe Seite 200 oder Seite 201) servieren. Die Klöße sollten nicht direkt in der Brühe gegart werden, da sie die Brühe unschön eintrüben können.

Tom Kha Gai mit Satay-Kneidler

Für 4 Personen • Zubereitungszeit: 30 Minuten
Garzeit: 45 Minuten

Zutaten

Für die Tom Kha Gai:

- 1 Bund Koriander
- 1 Stück (4 cm) frischer Galgant
- 2 l Hühnerbrühe (siehe Seite 201)
- 250 ml Kokosmilch
- 2 Stängel Zitronengras
- 2 Kaffirlimetten- oder Zitronenblätter
- Salz und Pfeffer

Für die Kneidler:

- 2 gegarte Hähnchenschenkel (von der Brühe, falls Sie diese selbst zubereitet haben)
- 6 Eier
- 4 EL Sataysauce
- 2 EL Öl
- Salz und Pfeffer
- 180 g Matzenmehl

Für die Tom Kha Gai den Koriander waschen, trocken schütteln und die Blätter abzupfen. Den Galgant schälen und vierteln. Die Hühnerbrühe mit der Kokosmilch in einen großen Topf füllen. Zitronengras, Korianderblätter, Limettenblätter und Galgant zufügen und bei niedriger Hitze köcheln lassen.

Für die Kneidler das Fleisch von den Hähnchenschenkeln ablösen und durch die feine Scheibe des Fleischwolfs drehen.

Die Eier trennen. Die Eiweiße in die Schüssel der Küchenmaschine geben und steif schlagen.

Die Eigelbe mit Sataysauce, Öl und 2 Esslöffeln Wasser in einer kleinen Schüssel verrühren. Salzen und pfeffern. Über den Eischnee gießen, mit etwas Matzenmehl bestreuen und mit einem Holzlöffel oder einem Teigschaber vorsichtig unterheben, sodass der Eischnee nicht zusammenfällt. Nach und nach restliches Mehl und Hähnchenfleisch unterheben. Mit Salz und Pfeffer würzen.

Salzwasser in einem Topf zum Kochen bringen. Eine Schale mit kaltem Wasser zum Befeuchten der Hände daneben bereitstellen und die Masse mit befeuchteten Händen zu regelmäßigen tischtennisballgroßen Bällchen formen. Ins siedende Wasser gleiten lassen und etwa 15 Minuten gar ziehen lassen. Mit einem Schaumlöffel herausnehmen, kurz abtropften lassen und als Einlage in der Tom Kha Gai servieren.

Rindfleischkneidler

Für 4 Personen • Zubereitungszeit: 15 Minuten
Garzeit: 2 ½ Stunden

Zutaten

Für die Brühe:

- 300 g Rinderschmorfleisch
- 2 Liter Gemüsebrühe (siehe Seite 200)

Für die Kneidler:

- Rindfleisch von der Brühe
- 1 Bund krause Petersilie
- 6 Eier
- 2 EL Öl
- Salz und Pfeffer
- 180 g Matzenmehl

Für die Brühe das Rindfleisch in einen großen Topf geben, mit kaltem Wasser bedecken und zum Kochen bringen. An die Oberfläche steigenden Schaum abschöpfen. Den Herd ausschalten und dann die Brühe erneut abschöpfen.

Parallel die Gemüsebrühe in einem zweiten Topf erhitzen. Wenn der Schaum von der Rindfleischbrühe abgeschöpft ist, das Rindfleisch zusammen mit der Brühe in die Gemüsebrühe geben und bei aufgesetztem Deckel 2 Stunden köcheln lassen.

Das Fleisch herausnehmen, in große Stücke schneiden und erkalten lassen.

Für die Kneidler das Fleisch durch die grobe Scheibe des Fleischwolfs drehen. Die Petersilie waschen und hacken.

Die Eier trennen. Die Eiweiße in die Schüssel der Küchenmaschine geben und steif schlagen.

Die Eigelbe mit Petersilie, Öl und 2 Esslöffeln Wasser in einer kleinen Schüssel verrühren. Mit Salz und Pfeffer würzen. Über den Eischnee gießen und mit etwas Matzenmehl bestreuen. Mit einem Holzlöffel oder einem Teigschaber vorsichtig unterheben, sodass der Eischnee nicht zusammenfällt. Nach und nach restliches Mehl und farciertes Rindfleisch unterheben, bis eine glatte Masse entstanden ist. Mit Salz und Pfeffer würzen.

Salzwasser in einem Topf zum Kochen bringen. Eine Schale Wasser zum Befeuchten der Hände daneben bereitstellen und die Kneidlermasse mit befeuchteten Händen zu regelmäßigen tischtennisballgroßen Bällchen formen. Ins siedende Wasser gleiten lassen und etwa 15 Minuten gar ziehen lassen. Die Kneidler mit einem Schaumlöffel herausnehmen, kurz abtropfen lassen und als Einlage in der Rinderbrühe servieren.

BORSCHTSCH

Meine polnische Freundin Kasia bereitet ihren Borschtsch auf traditionelle Weise mit essigsauer eingelegten Roten Beten zu. Aber diese aschkenasische Suppe kann in vielerlei Variationen daherkommen. Man kann sie stückig oder so klar und transparent wie Wein zubereiten, wie es in Polen der Fall ist, wo Borschtsch oft auch mit Pierogi mit Pilzfüllung (siehe Seite 54) serviert wird. Außerdem ist mir in Polen aufgefallen, dass auch andere Suppen ohne Rote Bete als Borschtsch bezeichnet werden (wie Sauerampfersuppe und meine Lieblingssuppe *zupa ogórkowa*, deren Rezepte ich Ihnen auf den folgenden Seiten verrate) – einfach, weil ihr Geschmack säuerlich ist. Kasia hat mir erklärt, dass das Hauptkriterium für einen Borschtsch die charakteristische feine Säure der Zutaten sei.

Traditioneller Borschtsch

Für 4 Personen • Zubereitungszeit: 20 Minuten
Garzeit: 1 Stunde 5 Minuten • Abkühlzeit: 15 Minuten

Zutaten

- 4 mittelgroße Rote Beten
- 2 EL Sonnenblumenöl
- Salz und Pfeffer
- 1 Zwiebel
- ½ Knoblauchzehe
- 1 Bund Dill
- 2 EL Weinessig
- 1 TL Zucker
- 250 g Crème fraîche

Den Backofen auf 190 °C vorheizen.

Die Roten Beten schälen und klein würfeln. Auf einem Backblech verteilen und mit 1 Esslöffel Sonnenblumenöl beträufeln. Salzen und pfeffern. Im vorgeheizten Ofen 40 Minuten unter gelegentlichem Wenden garen. 15 Minuten abkühlen lassen, dann durch die feine Scheibe des Fleischwolfs drehen.

Die Zwiebel schälen und fein hacken. Die halbe Knoblauchzehe schälen und zerdrücken. Den Dill waschen, trocken schütteln und hacken.

Das restliche Öl in einem großen Topf erhitzen. Zwiebel und Knoblauch darin anbraten. Die Rote Bete mit 2 Liter Wasser und der Hälfte des gehackten Dills in den Topf geben und alles gut 20 Minuten garen.

Essig und Zucker unterrühren, dann mit Salz und Pfeffer abschmecken. Vor dem Servieren nach Wunsch mit dem restlichen Dill bestreuen. Nach Belieben jede Portion auch mit einem großen Löffel Crème fraîche garnieren.

Borschtsch mit Fleisch

Für 4 Personen • Zubereitungszeit: 15 Minuten
Garzeit: 1 Stunde 45 Minuten

Zutaten

- 4 mittelgroße Kartoffeln
- 2 Karotten
- 1 große Zwiebel
- 4 mittelgroße Rote Beten (möglichst eine weniger süße Sorte)
- 1 Knoblauchzehe
- 800 g Rinderbacke
- 1 Lorbeerblatt
- Salz und Pfeffer
- 4 EL Weinessig
- 1 TL Zucker

Kartoffeln und Karotten schälen und in Stücke schneiden. Die Zwiebel schälen und fein hacken. Die Roten Beten schälen und raspeln. Die Knoblauchzehe schälen und zerdrücken. Das Fleisch in etwa 5 Zentimeter große Würfel schneiden.

2 Liter Wasser in einem großen Topf auf mittlerer Stufe erhitzen. Kartoffeln, Karotten, Zwiebel, Rote Bete, Knoblauch, Fleischwürfel und Lorbeerblatt hineingeben. Die Hitze reduzieren und etwa 1 ½ Stunden köcheln lassen. Wenn die Mischung zu dick wird, etwas Wasser zugießen. Mit Salz und Pfeffer würzen. Essig und Zucker unterrühren und weitere 15 Minuten köcheln lassen. Diese Suppe sollte sehr heiß serviert werden.

Kalter Kirsch-Borschtsch

Für 4 Personen • Zubereitungszeit: 20 Minuten
Garzeit: 1 Stunde • Kühlzeit: 4 Stunden

Zutaten

- 2 mittelgroße Rote Beten
- 1 kg Süßkirschen
- 1 EL Zucker
- 2 EL Himbeeressig
- 1 EL Zitronensaft
- Salz
- 200 g griechischer Naturjoghurt
- 50 g Crème fraîche

1,5 Liter Wasser in einem Topf zum Kochen bringen. Die Roten Beten schälen und in große Stücke schneiden. Ins kochende Wasser geben und bei aufgesetztem Deckel etwa 30 Minuten bei mittlerer Hitze garen. Das Kochwasser durch ein Sieb in eine Schüssel gießen, um die Rote-Bete-Stücke aufzufangen.

Die Kirschen waschen und entsteinen. 500 Milliliter Rote-Bete-Wasser abmessen und in einen großen Topf füllen. Kirschen und Zucker zugeben und bei aufgesetztem Deckel gut 30 Minuten köcheln lassen. Dann auf Zimmertemperatur abkühlen lassen.

Die Kirschen samt Saft und Rote-Bete-Stücke in den Standmixer geben und auf höchster Stufe glatt pürieren, bis eine suppenartige Konsistenz erreicht ist. Gegebenenfalls noch mit etwas Rote-Bete-Wasser strecken, bis die gewünschte Konsistenz erreicht ist.

Die Suppe in eine Schüssel füllen. Himbeeressig, Zitronensaft und 1 Prise Salz zufügen und mit einem Schneebesen einarbeiten.

Die Suppe mindestens 4 Stunden im Kühlschrank ziehen lassen. Joghurt und Crème fraîche glatt rühren. Die kalte Suppe in Schalen oder Suppenteller füllen und mit einem großen Löffel Joghurtmischung garnieren.

Grüner Borschtsch (Sauerampfersuppe)

Für 4 Personen • Zubereitungszeit: 20 Minuten
Garzeit: 1 Stunde 45 Minuten

Zutaten

- 4 Eier
- 2 Liter Geflügelbrühe
- 450 g Sauerampferblätter
- Saft von ½ Zitrone
- 2 TL Zucker
- Salz und Pfeffer
- 250 g Crème fraîche

Wasser in einem kleinen Topf zum Kochen bringen. Die Eier darin 10 Minuten hart kochen. Unter fließend kaltem Wasser abschrecken und abkühlen lassen. Die Eier schälen und in Scheiben schneiden.

Die Geflügelbrühe in einem großen Topf zum Kochen bringen. Die Sauerampferblätter waschen, fein hacken und in die Brühe geben. Den Deckel aufsetzen und bei niedriger Hitze etwa 1 ½ Stunden köcheln lassen. Zitronensaft und Zucker zufügen, dann mit Salz und Pfeffer abschmecken. Vor dem Servieren einen Teelöffel Crème fraîche in jeden Teller setzen und einige Eierscheiben hineingeben. Die Suppe nach Belieben stückig lassen oder glatt pürieren und in die Teller gießen.

Weißer Borschtsch (zupa ogórkowa)

Meine Lieblingssuppe!

Für 4 Personen • Zubereitungszeit: 15 Minuten
Garzeit: 30 Minuten

Zutaten

- 250 g Sahne
- 150 g russische Malossols in der Lake (siehe Seite 24)
- 4 große Kartoffeln
- ½ Bund Petersilie
- 2 Liter Geflügelbrühe
- 1 Lorbeerblatt
- 1 Prise getrockneter Majoran
- Salz und Pfeffer
- 1 EL Mehl

Die Sahne auf Zimmertemperatur bringen (wenn sie direkt gekühlt aus dem Kühlschrank in die kochende Suppe gegossen wird, kann sie gerinnen).

Die Malossols abtropfen, die Lake aber auffangen. Durch den Fleischwolf drehen und wieder in die Lake geben. Die Kartoffeln schälen und in Stücke schneiden. In eine Schüssel mit Wasser geben. Die Petersilie waschen und grob hacken.

Die Geflügelbrühe in einem großen Topf zum Kochen bringen. Lorbeerblatt und Majoran zufügen und mit Salz und Pfeffer würzen. Die Hitze etwas reduzieren, die Kartoffelstücke ohne Wasser zufügen und etwa 20 Minuten köcheln lassen. Malossolpüree samt Lake zufügen und einige Minuten köcheln lassen. Inzwischen Sahne und Mehl glatt rühren. In die Suppe gießen und einige weitere Minuten köcheln lassen. Vor dem Servieren die Petersilie unterziehen.

Kreplach

Kreplach sind stark inspiriert von den polnischen Pierogi (siehe Seite 52), zumal der Teig auch derselbe ist. Der einzige Unterschied ist die Füllung und die Form. Außerdem werden Kreplach (mit Fleischfüllung) auch als Suppeneinlage verwendet. Nicht selten werden Kreplach in aschkenasischen Familien zu Purim, aber auch zu anderen großen Festen wie Rosch ha-Schana oder Jom Kippur serviert.

Für 6–8 Personen • Zubereitungszeit: 40 Minuten
Garzeit: 15 Minuten • Ruhezeit: 30 Minuten

Zutaten

- 320 g Mehl
- 1 TL Salz
- 1 Ei
- 50 g Crème fraîche

Teig

Mehl und Salz in die Schüssel der Küchenmaschine geben. Eine Vertiefung in die Mitte drücken. Ei und Crème fraîche mit 100 Millilitern Wasser hineingeben. Auf mittlerer Stufe mit dem Knethaken 10 Minuten zu einem glatten Teig verarbeiten. Mit Frischhaltefolie abdecken und bei Zimmertemperatur und geschützt vor Zugluft 30 Minuten ruhen lassen.

Zutaten

- ½ Bund krause Petersilie
- 1 Zwiebel
- 25 g Butter
- 300 g Rinderhackfleisch (oder Hackfleisch von Geflügelbrust)
- Salz und Pfeffer

Füllung

Die Petersilie waschen und fein hacken. Die Zwiebel schälen und fein hacken.

Die Butter in einer Pfanne zerlassen und die Zwiebel darin garen. Das Hackfleisch zufügen und braten, bis es möglichst trocken ist.

Mit Salz und Pfeffer würzen. Die Petersilie untermischen.

Bitte umblättern

Zutaten

- Mehl zum Bestäuben
- 3 Liter Hühner- oder Gemüsebrühe (siehe Seite 201 oder Seite 200)

Fertigstellung der Kreplach

Die Arbeitsfläche mit Mehl bestäuben, damit der Teig nicht kleben bleibt. Den Teig mit einem Teigroller etwa 2 Millimeter dick ausrollen und in etwa 6 Zentimeter große Quadrate schneiden. Wenn die Arbeitsfläche zu klein ist, kann der Teig geteilt und portionsweise ausgerollt werden.

Je 1 knappen Teelöffel Füllung in die Mitte auf die Teigquadrate geben. Zwei Kanten mit Wasser befeuchten. Den Teig zu Dreiecken zusammenklappen und gut zusammendrücken. Die beiden spitzen Ecken eindrehen, um eine Art Tortellini zu erhalten. Nicht zu viel Füllung verwenden, da sich die Teigtaschen sonst nicht gut schließen und eindrehen lassen.

Wasser in einem großen Topf zum Kochen bringen. Die Kreplach hineingeben und 3–4 Minuten gar ziehen lassen, bis sie an die Oberfläche steigen. Mit einem Schaumlöffel herausnehmen und abtropfen lassen.

Die Brühe erhitzen, in Suppenteller füllen und die Kreplach als Einlage hineingeben.

Die Kreplach dürfen nicht direkt in der Brühe gegart werden, weil Mehl und Teig die Brühe eintrüben.

CARROLL
WAY

Krupnik

Es gibt zwei Varianten von dieser Graupensuppe aus der jüdisch-aschkenasischen Küche: eine mit Rindfleisch, die andere mit Hähnchenfleisch. Ich stelle Ihnen hier die Version mit Rindfleisch vor, wie sie auch in meiner Familie immer zubereitet wird.

Für 4 Personen • Zubereitungszeit: 25 Minuten
Garzeit: 2 Stunden 20 Minuten • Einweichzeit: 2 Stunden

Zutaten

- 75 g getrocknete Steinpilze
- 200 g Rinderbrust
- ½ Knoblauchzehe
- 1 Kalbsfuß
- 1 Ochsenschwanz
- 1 Lorbeerblatt
- 2 Karotten
- 2 Porreestangen
- 250 g Knollensellerie
- 150 g Graupen
- Salz

Die Steinpilze in einer Schale mit lauwarmem Wasser übergießen und etwa 2 Stunden einweichen. Dann das Wasser abgießen und die eingeweichten Pilze mit Küchenpapier trocken tupfen. Auf einen Teller geben.

In der Zwischenzeit die Rinderbrust in etwa 5 Zentimeter große Stücke schneiden. Die Knoblauchzehe schälen und zerdrücken.

2,5 Liter Wasser in einen großen Topf füllen. Rinderbruststücke, Kalbsfuß und Ochsenschwanz hineingeben, dann Lorbeerblatt und zerdrückte Knoblauchzehe zufügen. Bei mittlerer Hitze etwa 2 Stunden köcheln lassen.

Etwa 30 Minuten vor Ende der Garzeit die Karotten schälen, längs vierteln und dann in etwa 1 Zentimeter große Stücke schneiden. Den Porree waschen. Den grünen Teil abtrennen (diesen anderweitig verwenden) und den weißen Teil wie die Karotten schneiden. Den Sellerie schälen und klein würfeln.

Die Graupen in einem Sieb abspülen.

Graupen, Karotten, Porree, Sellerie und Steinpilze zur Suppe geben, mit Salz würzen und weitere 20 Minuten köcheln lassen, bis das Gemüse gar ist.

Harira

Dieser Eintopf mit Fleisch und Tomaten stammt aus dem Maghreb und ist für die nordafrikanische Küche ebenso repräsentativ wie für die jüdische. Er weckt in sehr vielen sephardischen Juden höchst angenehme kulinarische Erinnerungen.

Für 4 Personen • Zubereitungszeit: 15 Minuten
Garzeit: etwa 2 Stunden 10 Minuten • Einweichzeit: 2 Stunden

Zutaten

- 200 g Kichererbsen
- 200 g schwarze Linsen
- 500 g Lammfleisch
- 4 Selleriestangen (möglichst hell, aus der Staudenmitte)
- 1 große Zwiebel
- 1 Bund Koriander
- 25 g Butter
- 1 TL Baharat-Gewürzmischung (siehe Seite 42)
- Salz
- 400 g passierte Tomaten
- 25 g Mehl
- 100 ml Zitronensaft

Die Kichererbsen in eine Schüssel geben, mit Wasser bedecken und 2 Stunden einweichen lassen. Dann das Wasser abgießen und die Kichererbsen abspülen. Die Linsen ebenfalls abspülen.

Das Fleisch in Stücke schneiden. Die Selleriestangen waschen und fein hacken. Die Zwiebel schälen und fein hacken. Den Koriander waschen und hacken.

Die Butter in einem Schmortopf zerlassen. Das Fleisch mit Zwiebel, Koriander und Sellerie hineingeben. Mit der Gewürzmischung bestäuben und salzen. Bei mittlerer Hitze 5 Minuten unter Rühren anbraten. Mit 3 Liter Wasser ablöschen. Passierte Tomaten, Linsen und Kichererbsen zufügen. Den Deckel aufsetzen und 1 Stunde 40 Minuten bei niedriger Hitze garen.

5 Minuten vor Ablauf dieser Garzeit das Mehl in eine Schüssel geben und nach und nach mit 500 Millilitern lauwarmem Wasser klümpchenfrei verrühren. Gegebenenfalls durch ein feines Sieb passieren. Die Mischung in die Suppe rühren und weitere 20 Minuten ohne Deckel garen.

Den Eintopf in Teller füllen und mit dem Zitronensaft beträufeln. Den Zitronensaft nicht in den Suppentopf geben, da der Eintopf sauer werden kann, wenn er einige Tage aufbewahrt wird.

Nikitouches

Nikitouches sind kleine Grießknödel, die man meistens in der übrig bleibenden Brühe eines Couscousgerichts isst. Als ich meine Freunde zu diesen kleinen Klößen befragte, erinnerten sie sich vor allem daran, wie ihre Großmutter oder Mutter die Klößchen von Hand rollten, während sie artig darauf warten mussten, dass sie endlich fertig waren. Die Zubereitung nimmt nämlich relativ viel Zeit in Anspruch.

Für 4 Personen • Zubereitungszeit: 1 ½ Stunden
Garzeit: 10 Minuten

Zutaten

- 200 g feiner Hartweizengrieß
- 2 Eier
- 1 große Prise Salz (bei mir wird das Salz manchmal durch einen ¼ Würfel Hühnerbrühe, fein zerkrümelt, ersetzt)
- Öl zum Einfetten
- 2 Liter Hühnerbrühe (siehe Seite 201)

Den Grieß in eine Schüssel geben. Eier und Salz zufügen und alles 5 Minuten zu einer glatten Masse verarbeiten. Eine etwa olivengroße Portion von der Masse abnehmen. Die restliche Masse mit Frischhaltefolie bedeckt halten, da sie sehr schnell austrocknet und sich dann schwer verarbeiten lässt.

Die abgenommene Grießteigportion zwischen Daumen und Zeigefinger hin und her rollen. Nach etwa 10 Minuten sollte sich ein Film auf den Fingern bilden, durch den sich die Kugel besser rollen lässt. Die Kugel sollte recht fest sein, damit sie beim Garen nicht auseinanderfällt. Wenn sie nicht fest genug erscheinen, die Nikitouches gegebenenfalls vor dem Garen noch einmal einzeln rollen. Die fertigen Kugeln auf einen leicht geölten Teller setzen.

Die Brühe aufkochen, dann köcheln lassen. Die Nikitouches darin etwa 10 Minuten gar ziehen lassen.

NEW STREET

YORKER FOOD & DELIS

Tunesisches Sandwich oder Fricassé

Ob die Brötchen in Fett ausgebacken werden (Fricassé) oder nicht (tunesisches Sandwichbrötchen), ob die Sandwiches zum Ausklang von Pessach, bei Familienfeiern, zu Hause, im Restaurant oder auf der Straße gegessen werden – man findet sie einfach überall in Tunesien, und sie sind bei allen Tunesiern superbeliebt. In der Rue Richer in Paris bekommt man das Fricassé in der Größe eines normalen Sandwichs, während es in Tunesien kleiner ist und den Hunger ab mittags stillt.

Für 4 Personen • Zubereitungszeit: 10 Minuten
Garzeit: 15 Minuten

Zutaten

- 3 festkochende Kartoffeln
- Salz
- 2 mittelgroße eingelegte Salzzitronen (Bezug übers Internet)
- ½ Salatgurke
- 4 eingelegte Peperoni
- 2 große Dosen Thunfisch
- 4 tunesische oder Fricassé-Sandwichbrötchen (Fertigprodukt oder siehe Seite 294)
- 4 TL Harissa (siehe Seite 34)
- 50 g schwarze Oliven
- Pfeffer

Die Kartoffeln schälen, längs halbieren und dann jede Hälfte noch mal in 6 Stücke schneiden. In einem Topf mit Salzwasser 15 Minuten weich garen. Mit einer Messerspitze eine Garprobe machen. Das Wasser abgießen, die Kartoffeln abtropfen und erkalten lassen.

Die Zitronen klein schneiden. Die Gurke schälen und kleinschneiden. Die Peperoni grob hacken.

Den Thunfisch abtropfen lassen und in eine Schüssel zerzupfen.

Die Brötchen längs tief einschneiden aber nicht ganz durchtrennen. Mit etwas Harissa bestreichen und mit Kartoffelstücken, Zitronen, Gurke und Peperoni füllen. Dann Oliven und Thunfisch zugeben. Nach Belieben salzen und pfeffern und mit der restlichen Harissa garnieren.

Mahjouba nach Mamie Hélène

„Weißt du, die Mahjouba von meiner Mutter sind etwas ganz Besonders“, sagte mir mein Freund Fred, als wir uns zum ersten Mal über das Rezept seiner Mutter Hélène unterhalten haben. Er selbst hat es wohl gar nicht gemerkt, aber jedes Mal, wenn er von diesen kleinen mit Fleisch gefüllten knusprigen Pfannkuchen spricht, verändert sich sein Gesichtsausdruck, und seine Augen beginnen zu leuchten.

Für 4 Personen • Zubereitungszeit: 1 Stunde
Garzeit: 50 Minuten • Ruhezeit: 25 Minuten

Zutaten

Für den Teig:

- 500 g feiner Hartweizengrieß
- 1 TL Salz
- 250 ml Öl zum Einfetten und Braten

Für die Füllung:

- 2 Zwiebeln
- 2 Knoblauchzehen
- 2 Tomaten
- 1 Bund glatte Petersilie
- Olivenöl zum Braten
- 500 g Hackfleisch
- 1 TL Tomatenmark
- Salz und Pfeffer

Für den Teig Grieß und Salz in einer Schüssel mischen. Nach und nach 300 Milliliter Wasser einarbeiten und kneten, bis ein fester, glatter Teig entstanden ist. Den Teig abgedeckt 20 Minuten ruhen lassen.

Inzwischen für die Füllung die Zwiebeln schälen und fein hacken. Den Knoblauch schälen und zerdrücken. Die Tomaten klein würfeln. Die Petersilie waschen und hacken.

Etwas Öl in einem Topf erhitzen und die Zwiebeln darin garen. Knoblauch und Tomaten zufügen. Die Mischung 20 Minuten bei niedriger Hitze köcheln lassen. Hackfleisch, Petersilie und Tomatenmark untermischen, dann mit Salz und Pfeffer würzen. Weitere 10 Minuten garen, damit die Mischung eindickt.

Den Teig etwa 15 Minuten kneten und dabei 100 Milliliter Wasser einarbeiten. Der Teig wird erst klebrig, dann aber zunehmend leichter und elastischer. Er sollte sich ausziehen lassen, ohne zu reißen. Die Oberfläche der Teigkugel dünn einfetten und weitere 5 Minuten abgedeckt gehen lassen.

Die Hände mit Öl einfetten. Mit Daumen und Zeigefinger einen Ring formen und knapp mandarinengroße Teigportionen abdrücken. Die Teigkugeln auf ein geöltes Blech setzen und abdecken, damit sie nicht austrocknen.

Die Kugeln nacheinander auf einer leicht geölten Arbeitsfläche möglichst dünn ausziehen, da der Teig beim Garen aufgeht. Für ein leichtes Bearbeiten können die Hände eingeölt werden.

Etwas Füllung in die Mitte geben (gern auch mit etwas Harissa). Die Teigränder darüberschlagen und andrücken. In einer heißen Pfanne von beiden Seiten goldbraun braten.

FALAFEL UND SABICH

Falafel und Sabich sind ganz typische israelische Straßengerichte, die fast an jeder Ecke angeboten werden und sehr stark von den kulinarischen Traditionen des Nahen Ostens beeinflusst sind. Falafel-Sandwiches beinhalten frittierte Kichererbsenbällchen, Sabich-Sandwiches haben eine Füllung aus frittierten Auberginen mit Hummus, israelischem Salat, Ambasauce und Tahini.

Falafeln

Für 4 Personen • Zubereitungszeit: 15 Minuten
Garzeit: 10 Minuten (in der Fritteuse) oder 30 Minuten (im Ofen)

Zutaten

Für die Falafeln:

- 2 Dosen (à 400 g) Kichererbsen
- 3 Knoblauchzehen
- 1 Bund glatte Petersilie
- ½ eingelegte Zitrone
- 3 TL Zitronensaft
- 1 TL gemahlener Kreuzkümmel
- 1 TL gemahlener Koriander
- Salz und Pfeffer
- 30 g Mehl
- 1 Prise Backpulver
- Öl zum Frittieren und Einfetten

Für die Sandwiches:

- 2 Tomaten
- ½ Salatgurke
- 1 Zwiebel
- 4 Pitabrote

Für die Falafeln die Kichererbsen abgießen und abtropfen lassen. In eine große Schüssel geben. Die Knoblauchzehen schälen und zerdrücken. Die Petersilienblätter von den Stängeln zupfen und hacken. Die eingelegte Zitrone grob hacken. Knoblauch, Petersilie, Zitrone und Zitronensaft mit den Gewürzen zu den Kichererbsen geben und mit Salz und Pfeffer würzen. Die Mischung im Blitzhacker oder mit dem Kartoffelstampfer zu einer groben Paste verarbeiten. Nicht in den Standmixer geben, da die Masse darin zu fein geraten würde. Mehl und Backpulver einarbeiten.

Reichlich Öl in einer Fritteuse auf etwa 180 °C erhitzen. Einen kleinen Eisportionierer einölen und damit gleichmäßig geformte Kugeln aus der Kichererbsenmasse stechen. Die Kugeln ins heiße Fett gleiten lassen und gut 10 Minuten unter Wenden goldbraun frittieren.

Die Falafeln nach dem Frittieren mit einem Schaumlöffel herausnehmen und auf Küchenpapier abtropfen lassen. Für die Zubereitung im Ofen den Backofen auf 200 °C vorheizen. Die Falafeln leicht einölen, auf ein mit Backpapier ausgelegtes Backblech setzen und im heißen Ofen etwa 30 Minuten goldbraun backen.

Inzwischen für die Sandwiches Tomaten und Gurke würfeln. Die Zwiebel schälen und hacken. Die Oberseite der Pitabrote einschneiden. Mit Tomate, Gurke und Zwiebel füllen und die Falafeln hineingeben.

00 - 21:00

Sabich

Für 4 Personen • Zubereitungszeit: 15 Minuten
Garzeit: 25–30 Minuten

Zutaten

- 2 Auberginen
- Sonnenblumenöl zum Frittieren und Braten
- 1 Kartoffel
- 4 Eier
- 4 Pitabrote
- 4 EL Israelischer Salat (siehe Seite 78)
- 4 EL Hummus (siehe Seite 106)
- 4 EL Tahini (siehe Seite 36)
- 4 TL Ambasauce (siehe Seite 42)

Die Auberginen waschen und in etwa 1 Zentimeter dicke Scheiben schneiden. Reichlich Öl in einer Fritteuse oder Pfanne erhitzen und die Auberginenscheiben darin etwa 5 Minuten (Fritteuse) oder 10 Minuten (Pfanne) goldbraun ausbacken. Auf Küchenpapier abtropfen lassen.

Die Kartoffel waschen und in einem Topf mit Wasser 20 Minuten gar kochen. Kurz abkühlen lassen, schälen, in Scheiben schneiden und erkalten lassen.

Parallel dazu in einem zweiten Topf mit Wasser die Eier etwa 10 Minuten hart kochen. Unter fließend kaltem Wasser abschrecken, erkalten lassen, schälen und in Scheiben schneiden.

Die Pitabrote waagerecht tief einschneiden und mit folgenden Zutaten füllen: je 1 Esslöffel Israelischer Salat, einige Kartoffelscheiben, 1 Esslöffel Hummus, einige Auberginenscheiben, einige Eierscheiben, 1 Esslöffel Tahini, 1 Teelöffel Ambasauce.

Meorav Yerushalmi

Dieses Sandwich ist eine Jerusalemer Spezialität und ein sehr gutes Beispiel für eine Zubereitungsmethode nach den jüdischen Speisegesetzen (Kaschrut), die unter anderem den Verzehr von Blut untersagen: Durch das Garen bei hohen Temperaturen, wie beispielsweise beim Grillen, werden Fleisch und Leber „getrocknet“ und so von unreinem Blut befreit.

Für 4 Personen • Zubereitungszeit: 10 Minuten
Garzeit: 10 Minuten

Zutaten

- 2 Tomaten
- 1 rote Paprika
- ½ Salatgurke
- 200 g Geflügelleber
- 200 g Hähnchen- oder Putenbrustfilet
- 1 Zwiebel
- 1 Knoblauchzehe
- 3 EL Sonnenblumenöl zum Braten
- 1 große Prise gemahlene Kurkuma
- 1 große Prise gemahlener Kreuzkümmel
- 1 große Prise gemahlener Koriander
- Salz und Pfeffer
- 4 Pitabrote

Tomaten und Paprika waschen, entkernen und klein würfeln. Die Gurke schälen und ebenfalls klein würfeln.

Geflügelleber und -fleisch in mundgerechte Stücke schneiden.

Die Zwiebel schälen und fein hacken. Den Knoblauch schälen und zerdrücken. In einer Pfanne das Sonnenblumenöl erhitzen und Zwiebel und Knoblauch darin goldbraun anbraten.

Geflügelfleisch und -leber zufügen und einige Minuten bei mittlerer Hitze unter ständigem Wenden anbräunen. Mit Kurkuma, Kreuzkümmel und Koriander würzen, dann salzen und pfeffern. Weitere 5 Minuten braten, bis Fleisch- und Leberstücke durchgegart sind. Alternativ Geflügelfleisch und -leber auf einer Grillplatte zubereiten.

Die Oberseite der Pitabrote einschneiden und mit Fleisch und Leber füllen. Mit Tomate, Paprika und Gurke garnieren. Nach Belieben auch etwas Tahini und Ambasauce zufügen.

מקור הברכה "כשר"
מקור הברכה
כשר בהשגחת הרבנות ת"א
הכרמל 11
24 ש"ח בפיתה / ג'בטה
1. קבב
2. חזה עוף
3. מעורב תל-אביבי
4. סנדוויץ' רוסטביף
15 ש"ח בפיתה / ג'בטה
1. חביתה
2. שקשוקה (בצלחת 22 ש"ח)
פסטות - 28 ש"ח
1. רוסטביף וירקות
2. עוף ברוטב אסיאתי
3. רוטב עגבניות
4. ירקות קלויים בשמן זית
5. חצילים ברוטב עגבניות
6. קבנוס ברוטב עגבניות

Schnitzel

Man könnte glauben, dass ein Schnitzel eine einfache panierte Fleischscheibe ist, aber nichts da! Das echte und wahre Schnitzel, wie man es in Israel isst, hat eine wirkliche Besonderheit: Es muss so dünn wie möglich sein, um knusprig und lecker zu schmecken. Ich mag Schnitzel am liebsten mit Hummus und Israelischem Salat.

Für 4 Personen • Zubereitungszeit: 10 Minuten
Garzeit: 5 Minuten

Zutaten

- 4 dünne Kalbsschnitzel
- 3 Eier
- 150 g Mehl
- Salz und Pfeffer
- 150 g grobe Semmelbrösel
- 25 g Sesamsaat
- Sonnenblumenöl zum Braten

Die Schnitzel nacheinander in einen Gefrierbeutel geben und mit einem Fleischklopfer oder einem Teigroller plattieren, bis sie etwa 4 Millimeter dünn sind.

Die Eier in einer flachen Form verquirlen. Das Mehl in eine zweite Form füllen und mit Salz und Pfeffer würzen. Die Semmelbrösel mit Sesam, Salz und Pfeffer in einer dritten Form mischen. Die Formen in der Reihenfolge Mehl, Ei und Semmelbröselmischung aufstellen.

Die Schnitzel erst im Mehl wenden und überschüssiges Mehl abklopfen. Dann im Ei wenden und zuletzt in der Semmelbröselmischung.

Reichlich Öl in zwei großen Pfannen erhitzen und die Schnitzel darin etwa 5 Minuten von jeder Seite goldbraun braten.

Die Schnitzel können mit Kemia (siehe Seiten 66-81) oder in Streifen geschnitten in Pitabroten mit Rotkrautsalat und Tahini serviert werden.

Schnitzelrezept von Anat, der Mutter meines Freundes Yariv

Yariv ist einer meiner Kochfreunde. Nachdem er in großen Sternerestaurants gearbeitet hat, ist er heute selbst Chef mehrerer renommierter Restaurants. Yariv ist Israeli und hat mir sehr dabei geholfen, israelische und nahöstliche Rezepte zu verstehen. Bei unseren Gesprächen hat er auch von den Schnitzeln seiner Mutter geschwärmt: „Sie macht sie jeden Sabbat, aber in der Regel kommen sie abends erst gar nicht auf den Tisch, weil meine Brüder vorher schon alle gegessen haben!"

Für 4 Personen • Zubereitungszeit: 15 Minuten
Garzeit: 5 Minuten • Marinierzeit: 4 Stunden

Zutaten

- 8 sehr dünne Hähnchen- oder Putenschnitzel
- 3 Knoblauchzehen
- 1 Ei (Größe L)
- 1 TL körniger Senf
- 1 Prise grobes Salz
- Sonnenblumenöl zum Braten

Für die Panade:

- 1 kleine Packung (70 g) Bissli BBQ (in koscheren Lebensmittelgeschäften, alternativ geröstete Sesamsaat)
- 1 kleiner Würfel Gemüsebrühe
- 150 g grobe Semmelbrösel, möglichst von der Marke Osem (koschere Produkte)
- ½ TL Paprikapulver edelsüß
- Salz

Die Schnitzel entweder vom Metzger plattieren lassen oder nacheinander in einen Gefrierbeutel geben und mit einem Fleischklopfer oder einem Teigroller plattieren, bis sie etwa 4 Millimeter dick sind.

Die Knoblauchzehen schälen, 1 Zehe halbieren und 2 Zehen zerdrücken. Ei, Senf, Salz und zerdrückten Knoblauch in einer großen flachen Form verquirlen. Die Schnitzel hineinlegen und 4 Stunden im Kühlschrank marinieren.

Für die Panade die Bissli BBQ im Standmixer pulvrig fein mahlen (falls Sesamsaat verwendet wird, diese ganz lassen) und in eine Schüssel geben. Den Brühwürfel zerdrücken und zugeben. Semmelbrösel, Paprikapulver und etwas Salz hinzufügen und alles sorgfältig vermengen. Die Mischung auf einem großen Teller verteilen.

Reichlich Öl mit den Knoblauchhälften in zwei großen Pfannen erhitzen. Wenn das Öl heiß ist, den Knoblauch wieder entfernen. Die Schnitzel aus der Marinade nehmen und sorgfältig in der Panade wenden.

Die Schnitzel etwa 5 Minuten von beiden Seiten goldbraun braten. Sofort servieren.

Shawerma
שווארמה
Shishlik
שישליק
Chicken steak
סטייק עוף
Greek salad
סלט יווני
Falafel
פלאפל
Schnitzel
שניצל
Green salad
סלט ירוק
Tuna salad
סלט טונה
Kabab
כבב
Mixed grill
מעורב
Chicken salad
סלט עוף
Hommos
חומוס
FREE

Lamm-Schawarma

Für diese türkische Spezialität, die in der ganzen arabischen Welt verbreitet und sehr beliebt ist, wird das Fleisch, wie Döner, traditionell an einem großen Spieß gebraten. Man kann es aber auch in der eigenen Küche zubereiten, denn das Fleisch lässt sich auch ganz einfach in der Pfanne braten.

Für 4 Personen • Zubereitungszeit: 15 Minuten
Garzeit: 10 Minuten • Marinierzeit: 4 Stunden

Zutaten

- 400 g entbeinte und parierte Lammkeule
- 1 Zwiebel
- 2 Tomaten
- ½ Salatgurke
- 4 EL Sonnenblumenöl
- 4 Pitabrote
- Salz und Pfeffer

Für die Marinade:

- ½ Knoblauchzehe
- 1 TL Baharat-Gewürzmischung (siehe Seite 42)
- 1 Prise gemahlener Kardamom
- 20 ml Zitronensaft
- 50 ml Sonnenblumenöl
- Salz und Pfeffer

Das Fleisch in feine Streifen schneiden und in eine rechteckige Form geben.

Für die Marinade den Knoblauch schälen und zerdrücken. Mit den restlichen Marinadezutaten in einer Schale verrühren. Salzen und pfeffern und über die Fleischstreifen geben. Mit Frischhaltefolie abdecken und im Kühlschrank 4 Stunden marinieren.

Die Zwiebel schälen und grob hacken. Die Tomaten waschen, entkernen und würfeln. Die Gurke schälen und klein würfeln.

Das Öl in einer großen Pfanne erhitzen. Die Fleischstreifen darin bei starker Hitze unter regelmäßigem Wenden braun anbraten, dabei portionsweise vorgehen, damit sie knusprig werden und nicht aneinanderhaften.

Die Oberseite der Pitabrote einschneiden und mit Fleischstreifen, Tomaten, Gurke und Zwiebel füllen und mit Salz und Pfeffer würzen.

שווארמה

PASTRAMI, PÖKELFLEISCH UND RINDERZUNGE

Rezepte für Pastrami, Pökelfleisch und Rinderzunge sind besonders gute Beispiele dafür, wie sich die Zubereitungsarten durch die Migration vieler aschkenasischer Juden Ende des 18. Jahrhunderts verändert haben. Fleisch zu pökeln war im Osteuropa des 17. Jahrhunderts und zu Beginn des 18. Jahrhunderts eine beliebte Konservierungsmethode und ist es noch heute. In Polen beispielsweise findet man viele Zubereitungsarten für gepökeltes und geräuchertes Fleisch.

Für Pastrami und Pökelfleisch werden dieselben Fleischstücke verwendet, und zwar der obere Teil der Querrippe, wo das Fleisch am dicksten ist. Sie können das Fleisch etwas parieren, aber bitte nicht zu stark, ein wenig Fett sollte schon noch dran sein. Der einzige Unterschied zwischen Pastrami und Pökelfleisch ist, dass Pastrami nach dem Pökeln heiß geräuchert wird. Pökelfleisch und Rinderzunge werden auf dieselbe Weise zubereitet, nur das Fleischstück ist unterschiedlich.

KATZ'S
famous
DELICATESSEN
KNOWN
as the Best
SINCE 1888

Pastrami

Für 6 Personen • Zubereitungszeit: 15 Minuten
Garzeit: 11 Stunden • Pökelzeit: 8 Tage • Ruhezeit: 30 Minuten

Zutaten

- 8 Knoblauchzehen
- 1,5 kg Rinderquerrippe
- 12 g Pökelsalz (Kaliumnitrat)
- 15 g Salz
- 2 große Prisen gemahlener Pfeffer
- 40 g Senfkörner
- 40 g Koriandersamen
- 100 g geräuchertes Paprikapulver
- 200 g Zucker
- 100 g zerstoßene Pfefferkörner
- 1 kg Räucherspäne

Die Knoblauchzehen schälen und zerdrücken. Das Fleischstück auf einen großen Glas- oder Keramikteller legen. Mit dem Pökelsalz bestreuen und von Hand in das Fleisch massieren. Auf die gleiche Weise Knoblauch, Salz, Pfeffer, Senfkörner, Koriander, 60 Gramm Paprikapulver, 150 Gramm Zucker und 60 Gramm zerstoßene Pfefferkörner in das Fleisch massieren.

Das Fleisch in eine Glas- oder Keramikschüssel legen und einen Teller darauflegen. Die Form mit einem Tuch abdecken. Ein Gewicht auf den Teller setzen, damit das Fleisch etwas gepresst wird. An einen vor Zugluft geschützten, geschlossenen Ort stellen (das Fleisch entwickelt beim Reifen nämlich einen strengen Geruch) und 8 Tage pökeln. Dabei das Fleischstück alle 2 Tage wenden. Der ausgetretene Fleischsaft darf nicht weggeschüttet werden, weil er für das Aroma sorgt.

Das Fleisch nach der Pökelzeit herausnehmen und kurz unter fließend kaltem Wasser abspülen, um die Gewürze zu entfernen.

Das Fleisch trocken tupfen, dann mit restlichem Zucker, Paprikapulver und zerstoßenem Pfeffer einreiben und kalt stellen. Die Räucherspäne 1 Stunde in einer großen Schüssel wässern.

Einen Holzkohlegrill mit Abdeckung anheizen. Die Holzspäne abtropfen lassen und in einen feuerfesten Edelstahlbehälter geben; sie sollten gut durchfeuchtet sein. Den Behälter mitten in die Glut setzen und mit einem großlöchrigen Sieb aus feuerfestem Edelstahl bedecken. Das Fleisch in der höchsten Schiene auf den Rost setzen. Es sollte möglichst weit über der Glut und den Räucherspänen sein. Den Grilldeckel schließen und das Fleisch 11 Stunden heiß räuchern. Die Innentemperatur des Grills sollte bei etwa 200 °C liegen und regelmäßig überprüft werden. Neue Kohlen nachlegen, damit die Glut nicht erlischt und die Temperatur möglichst konstant bleibt. Den Deckel des Grills immer nur sehr kurz öffnen, damit nicht zu viel Rauch und Hitze entweichen.

Das Fleisch vom Grill nehmen und vor dem Tranchieren 30 Minuten mit Alufolie abgedeckt ruhen lassen.

Die Glut löschen und den Edelstahlbehälter mit den Holzspänen vollständig erkalten lassen, bevor er entnommen wird.

TIPS

Pökelfleisch und Rinderzunge

Für 6 Personen • Zubereitungszeit: 15 Minuten
Garzeit: 1 ½ Stunden • Pökelzeit: 8 Tage • Abkühl- und Ruhezeit: 3 Stunden

Zutaten

Für das Pökelfleisch:

- 40 g Koriandersamen
- 8 Knoblauchzehen
- 1,5 kg Rinderquerrippe
- 12 g Pökelsalz (Kaliumnitrat)
- 15 g Salz
- 2 große Prisen gemahlener Pfeffer
- 60 g zerstoßene Pfefferkörner

Für die Rinderzunge:

- 1,5 kg Rinderzunge (fester als Kalbszunge)

Zum Pökeln die Koriandersamen in einem Mörser grob zerstoßen. Die Knoblauchzehen schälen und zerdrücken.

Als Fleisch entweder die Rinderquerrippe oder die Rinderzunge verwenden. Das Fleischstück auf einen großen Glas- oder Keramikteller legen. Mit dem Pökelsalz bestreuen und von Hand in das Fleisch massieren. Auf die gleiche Weise mit Koriander, Knoblauch, Salz, gemahlenem und zerstoßenem Pfeffer verfahren.

Das Fleisch in eine Glas- oder Keramikschüssel legen und einen Teller darauflegen. Die Form mit einem Tuch abdecken. Ein Gewicht auf den Teller setzen, damit das Fleisch etwas gepresst wird. An einen vor Zugluft geschützten, geschlossenen Ort stellen (das Fleisch entwickelt beim Reifen nämlich einen strengen Geruch) und 8 Tage pökeln. Dabei das Fleischstück alle 2 Tage wenden. Der ausgetretene Fleischsaft darf nicht weggeschüttet werden, weil er für das Aroma sorgt.

Rinderquerrippe oder Rinderzunge kurz unter fließend kaltem Wasser abspülen, um die Gewürze zu entfernen. Dann 1 ½ Stunden in einem großen Topf mit Wasser bei mittlerer Hitze garen.

Etwa 1 Stunde abkühlen lassen, dann vor dem Servieren 2 Stunden im Kühlschrank ziehen lassen.

Reuben & Rachels Sandwiches

Diese Sandwiches stehen wie das Pastrami-Sandwich als Paradebeispiel für das Angebot in den jüdischen Delis von New York. Das Rachel's Sandwich ist dem Reuben Sandwich recht ähnlich: Statt Pastrami wird geräucherte Pute verwendet und Sauerkraut durch Krautsalat ersetzt. Letzteres wird sehr häufig auch als Beilage zu diesen Sandwiches serviert.

Zubereitungszeit: 10 Minuten • Garzeit: 10 Minuten
Ruhezeit: 30 Minuten (zum Temperieren der Butter)

Zutaten

- 50 g Butter
- 8 große Scheiben Vollkorntoastbrot
- 8 Scheiben Emmentaler
- 650 g in Scheiben geschnittene Pastrami (siehe Seite 244)
- 150 g Sauerkraut (siehe Seite 26)

Für die Sauce:

- 8 EL Mayonnaise
- 4 EL Honigsenf
- 2 TL Worcestersauce
- einige Tropfen Tabasco

Die Butter etwa 30 Minuten bei Zimmertemperatur weich werden lassen.

Für die Sauce Mayonnaise mit Senf, Worcestersauce und etwas Tabasco in einer Schale verrühren. Kalt stellen.

Die Sandwiches wie folgt zusammensetzen: 1 Scheibe Brot, 1 Scheibe Emmentaler, ein Viertel der Pastramischeiben, ein Viertel vom Sauerkraut und wieder 1 Scheibe Emmentaler. Die zweite Brotscheibe jeweils mit einem Viertel der Sauce bestreichen und auf das Sandwich setzen.

Jeweils beide Toastbrotseiten mit weicher Butter bestreichen.

Die restliche Butter (etwa 25 Gramm) in einer großen Pfanne zerlassen. Je 2 Sandwiches hineingeben und goldbraun anrösten. Vorsichtig wenden und von der anderen Seite ebenfalls braten, bis der Käse schmilzt. Sofort servieren.

Rachels Sandwich

Die Pastrami durch geräucherten, in Scheiben geschnittenen Putenschinken und das Sauerkraut durch Krautsalat (siehe Seite 249) ersetzen. Die Zubereitung erfolgt wie oben beschrieben.

Krautsalat

Für 4 Personen • Zubereitungszeit: 15 Minuten
Ruhezeit: 1 Stunde

Zutaten

- 500 g Weißkohl
- 1 mittelgroße Karotte
- 200 ml Mayonnaise
- 50 ml Apfelessig
- 2 große Prisen Selleriesalz
- 1 Prise gemahlener weißer Pfeffer
- 15 g Zucker
- 1 EL Olivenöl

Den Kohl putzen und hobeln. Die Karotte schälen und raspeln.

Die Mayonnaise in einer Schüssel mit Essig, Selleriesalz, Pfeffer, Zucker und Olivenöl verrühren. Kohl und Karotte sorgfältig untermischen.

Den Krautsalat 1 Stunde im Kühlschrank ziehen lassen.

Wenn der Salat danach zu viel Wasser gezogen hat, überschüssige Flüssigkeit vor dem Servieren mit einem Löffel abschöpfen.

Für eine leichtere Variante kann die Mayonnaise durch griechischen Naturjoghurt ersetzt werden.

KATZ'S DELICATESSEN

Knisches

Diese osteuropäische Spezialität habe ich zum ersten Mal bei Yonah Schimmel, *dem* Knisches-Restaurant in New York probiert. Knisches können ganz unterschiedlich aussehen: mal wie kugelige Törtchen, fast wie große Piroschkis, mal wie viereckige Teigtaschen. Ich selbst bereite sie so zu, wie ich sie in New York gegessen habe: wie große, offene Teigtaschen, sodass man die Füllung sehen kann.

Für 4 Personen • Zubereitungszeit: 40 Minuten
Garzeit: 1 Stunde

Zutaten

Für den Teig:

- 500 g Mehl plus etwas mehr zum Bestäuben
- 2 Eier
- 50 ml Sonnenblumenöl
- 5 g Zucker
- 15 g Salz

Für die Füllung:

- 2 Zwiebeln
- 2 EL Olivenöl
- 400 g mehligkochende Kartoffeln
- Salz
- 2 Eier
- Pfeffer

Für den Teig das Mehl in die Schüssel der Küchenmaschine geben. Eine Vertiefung in die Mitte drücken. Eier, Öl, Zucker, Salz und 150 Milliliter Wasser hineingeben. Auf mittlerer Stufe mit dem Knethaken 10 Minuten zu einem glatten Teig verarbeiten.

Für die Füllung die Zwiebeln schälen und fein hacken. 1 Esslöffel Olivenöl in einer Pfanne erhitzen und die Zwiebeln darin einige Minuten garen.

Die Kartoffeln schälen, in Stücke schneiden und in einem Topf mit Salzwasser etwa 20 Minuten bei mittlerer Hitze gar kochen. Das Wasser abgießen und die Kartoffeln abtropfen lassen. In eine Schüssel geben, das restliche Olivenöl zugeben und mit einer Gabel zerdrücken. Mit Salz und Pfeffer würzen.

Die Eier verquirlen und zusammen mit den Zwiebeln unter die Kartoffelmasse mengen.

Den Teig auf einer leicht bemehlten Arbeitsfläche etwa 1 Millimeter dick ausrollen und etwa 15 Zentimeter große Kreise ausschneiden oder ausstechen. Eine Teigscheibe auf die Handfläche legen und eine kleine Kugel Kartoffelmasse in die Mitte setzen. Die Teigränder um die Füllung einschlagen (siehe Foto der fertigen Knisches), sodass eine Art Teigkugel entsteht, bei der die Füllung noch zu sehen ist. Mit den restlichen Teigkreisen und der Kartoffelmasse ebenso verfahren.

Den Backofen auf 180 °C vorheizen. Die Knisches auf ein mit Backpapier ausgelegtes Backblech setzen und im vorgeheizten Ofen etwa 40 Minuten goldbraun backen.

Die Füllung kann variiert werden, indem gehobelter Rotkohl, gegarter Kürbis etc. unter die Kartoffelmasse gemischt wird. Sie können die Hälfte der Kartoffeln auch durch Süßkartoffeln ersetzen.

The Original
YONAH SCHIMMEL
KNISHERY
OPEN
GOOD FOOD

CHARLIE CHAPLIN
NOW PLAYING 10¢
1920
THE GOLD RUSH
COATS-$3 SLIPS 50¢
LADIES CLOTHES
SIZES X to XXX
We Specialize in Fat Women!
HATS 75¢
MOISHE'S TAYLOR SHOP
CUFFS 8¢ each 2 for 15¢
Plotnick CANDY STORE
EGG CREAM 5¢ MALTED 10¢ CHOCOLATE SODA 5¢ PLAIN 2¢
LIPSCHITZ Slightly Used FRUIT & VEGETABLES MARKET
YONAH SHIMMEL KNISH BAKERY
SINCE 1910
HOT KNISH 5¢
COFFEE 2¢
HOT TEA 2¢
OPEN 7 DAYS
SCHIMMES KNISHES 2¢
French Fries 5¢
DRINK Coca-Cola 5¢
ROOT BEER 5¢
PEPSI COLA 5¢
KEEP YOUR KNISH "HOT"
BUY A DOZEN

BROT & BACKWAREN

Challa

Neben Wein ist dieses Hefebrot ein wichtiger Bestandteil eines traditionellen aschkenasischen Sabbats und anderer religiöser Feiertage. An Sabbat werden immer zwei Challa-Brote aufgetragen – im Gedenken an die zweifache Menge Manna, die für die Israeliten auf ihrer Wüstenwanderung vom Himmel fiel und damit auch für den Samstag, den Sabbat reichte. Vor dem Essen wird erst der Segensspruch Kiddusch über einem Becher Wein gesprochen, dann wird mit dem Hamotzi das Brot gesegnet.

Ergibt 1 Laib • Zubereitungszeit: 25 Minuten
Garzeit: 40 Minuten • Ruhezeit: 3½ Stunden

Zutaten

- 1 TL Trockenbackhefe
- 2 Eier
- 2 EL Sonnenblumenöl plus etwas mehr zum Einfetten
- 30 g Zucker
- 325 g Mehl plus etwas Mehl bei Bedarf
- 1 große Prise Salz
- 20 g Sesamsaat

Die Hefe mit 125 Millilitern lauwarmem Wasser anrühren und etwa 15 Minuten stehen lassen, bis sich Bläschen gebildet haben.

Mit dem Schneebesen 1 Ei in einer Schüssel verquirlen. Öl und Zucker, dann den Hefeansatz unterrühren. Mehl und Salz in die Schüssel der Küchenmaschine geben und mischen. Die Hefemischung zufügen und alles mit dem Knethaken gut 10 Minuten zu einem elastischen, glatten Teig verarbeiten. Wenn der Teig zu klebrig ist, noch etwas zusätzliches Mehl einarbeiten.

Mit Küchenpapier eine Schüssel mit Öl einfetten, damit der Teig nicht klebt. Die Teigkugel ebenfalls einölen, damit sie nicht austrocknet, und in die Schüssel geben. Mit Frischhaltefolie abdecken und den Teig 2½ Stunden an einem warmen, vor Zugluft geschützten Ort, z.B. im ausgeschalteten Ofen, gehen lassen.

Den Teig nochmals kurz durchkneten, um die Luftblasen herauszudrücken. Je nachdem, mit wie vielen Strängen geflochten werden soll, den Teig in entsprechend viele Stücke teilen, diese zu Strängen rollen und flechten (Flechtmuster siehe Seiten 262–267).

Die Challa auf ein mit Backpapier ausgelegtes Backblech heben und abgedeckt 1 Stunde gehen lassen.

Den Backofen auf 180 °C vorheizen. Das restliche Ei in einer Tasse verquirlen und die Challa damit bestreichen. Mit dem Sesam bestreuen und im vorgeheizten Ofen 40 Minuten goldgelb backen.

Regenbogen-Challa

Ergibt 1 Laib • Zubereitungszeit: 35 Minuten
Garzeit: 40 Minuten • Ruhezeit: 3 ½ Stunden

Zutaten

- 1 TL Trockenbackhefe
- 2 Eier
- 2 EL Sonnenblumenöl plus etwas mehr zum Einfetten
- 30 g Zucker
- 325 g Mehl
- 1 große Prise Salz
- Lebensmittelfarben nach Wahl (pulverförmig, damit sich die Farben einfach in den Teig einarbeiten lassen)
- 20 g Sesamsaat

Den Challa-Teig wie auf Seite 258 beschrieben zubereiten.

Je nachdem, mit wie vielen Strängen geflochten werden soll, den Teig in entsprechend viele Stücke teilen (Flechtmuster siehe Seiten 262–267). Die Teigportionen einzeln in die Schüssel der Küchenmaschine geben und so viel Lebensmittelfarbe sorgfältig mit dem Knethaken einarbeiten, bis der Teig gleichmäßig eingefärbt ist und Sie mit dem Ergebnis zufrieden sind. Den Knethaken nach jeder Teigfarbe sorgfältig reinigen.

Der Zahl der Teigportionen entsprechend viele Schalen mithilfe von Küchenpapier mit Öl einfetten, damit der Teig nicht kleben bleibt. Die Teigportionen ebenfalls einölen, damit sie nicht austrocknen, und in die Schalen geben. Mit Frischhaltefolie abdecken und an einem warmen, vor Zugluft geschützten Ort, z.B. im ausgeschalteten Ofen, 2 ½ Stunden gehen lassen.

Die Teigportionen nochmals kurz durchkneten, um die Luftblasen herauszudrücken. Dann zu Strängen formen und flechten (Flechtmuster siehe Seiten 262–267).

Die Challa auf ein mit Backpapier ausgelegtes Backblech heben und abgedeckt 1 Stunde gehen lassen.

Den Backofen auf 180 °C vorheizen. Das restliche Ei in einer Tasse verquirlen und die Challa damit bestreichen. Mit dem Sesam bestreuen und im vorgeheizten Ofen 40 Minuten goldgelb backen.

Schritt für Schritt Schneller Zopf

Schritt 1

Den Teig halbieren und zu 2 langen Strängen rollen. Die Stränge nebeneinanderlegen und Strang 1 und Strang 2 immer übereinanderschlagen.

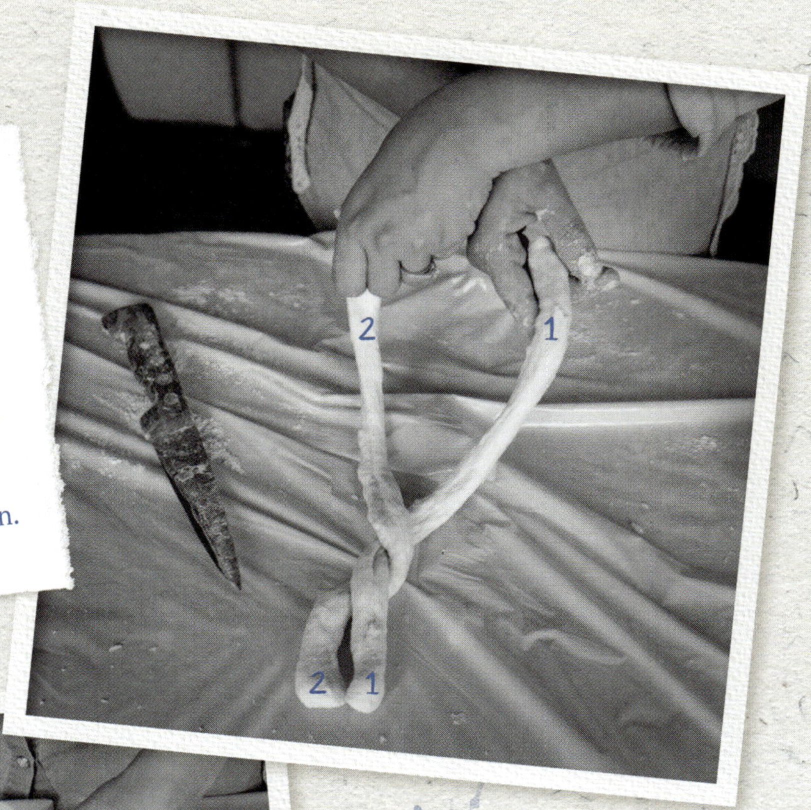

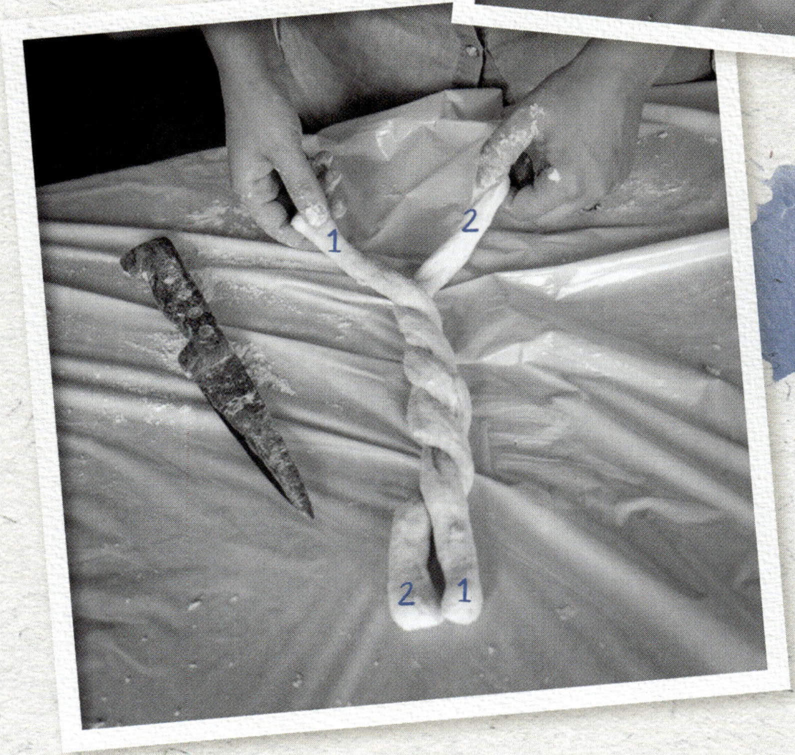

Schritt 2

Die Stränge bis zum Ende immer weiter umeinanderwinden.

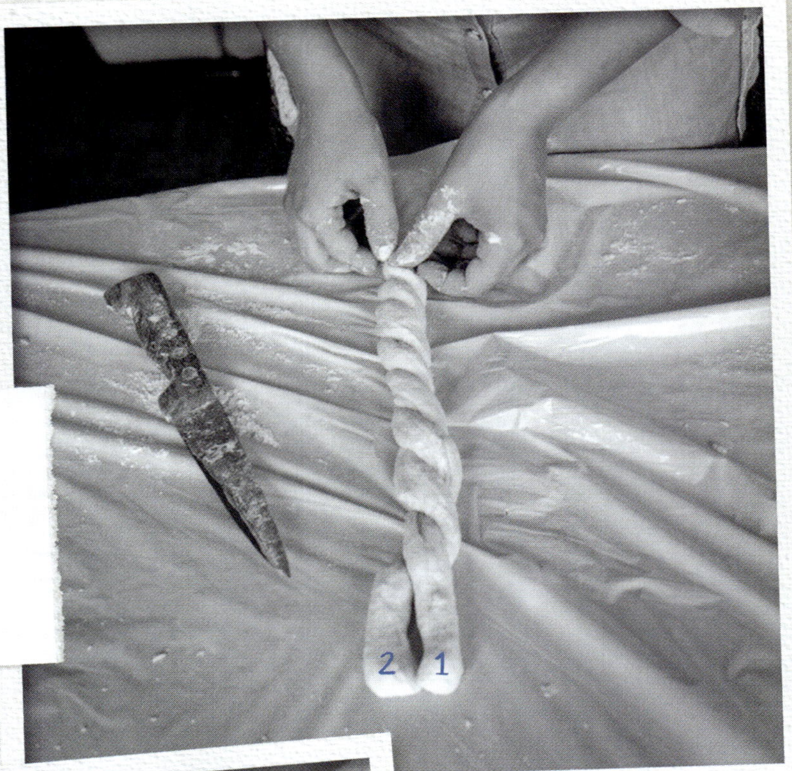

Schritt 3

Die Enden der beiden Stränge zusammendrücken und nach unten einschlagen.

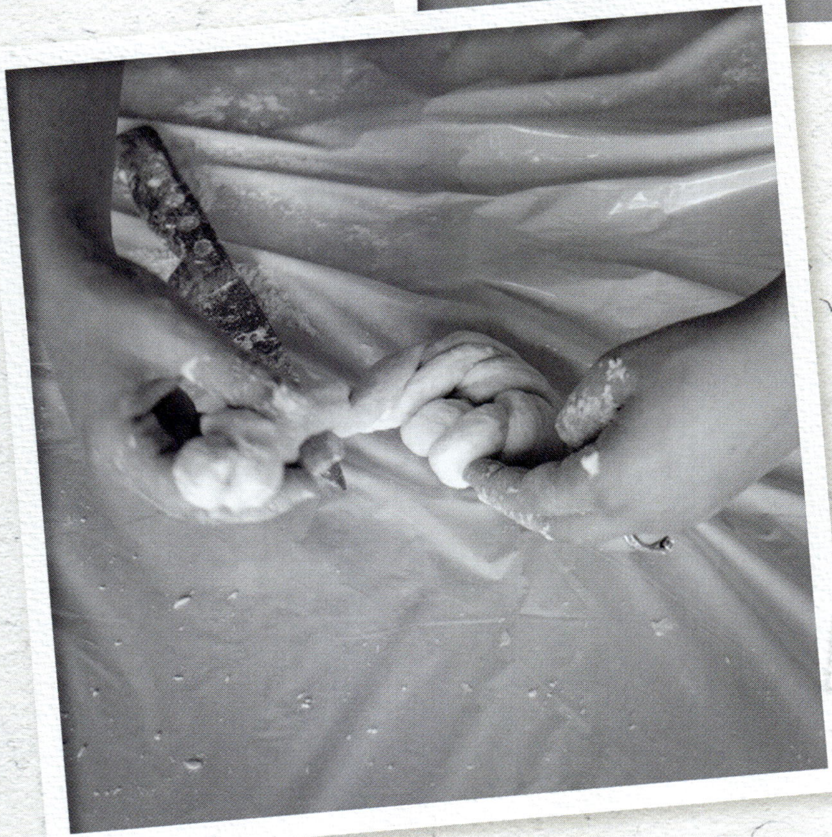

Schritt 4

Den aufgedrehten Teigstrang schneckenförmig eindrehen. Das Ende des Strangs unter die entstandene Schnecke stecken.

Schritt für Schritt Geflochtene Kugel

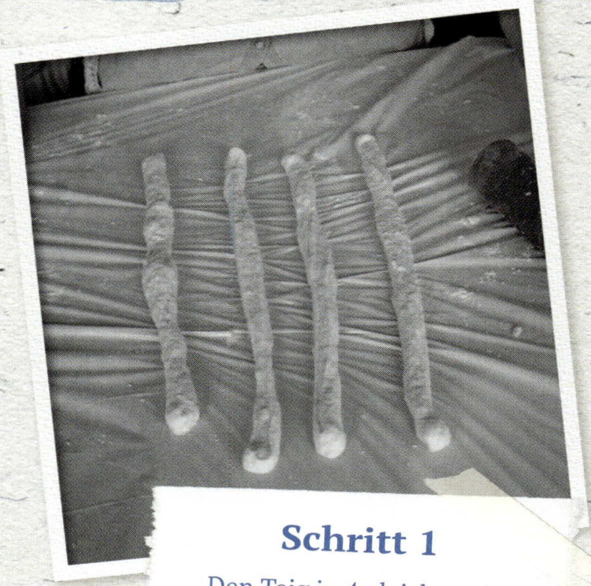

Schritt 1

Den Teig in 4 gleich große Portionen teilen und zu Strängen rollen.

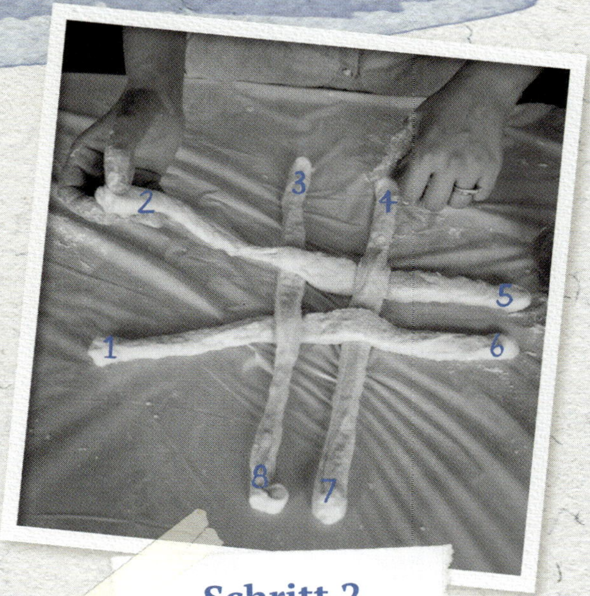

Schritt 2

Die Stränge wie abgebildet übereinanderlegen.

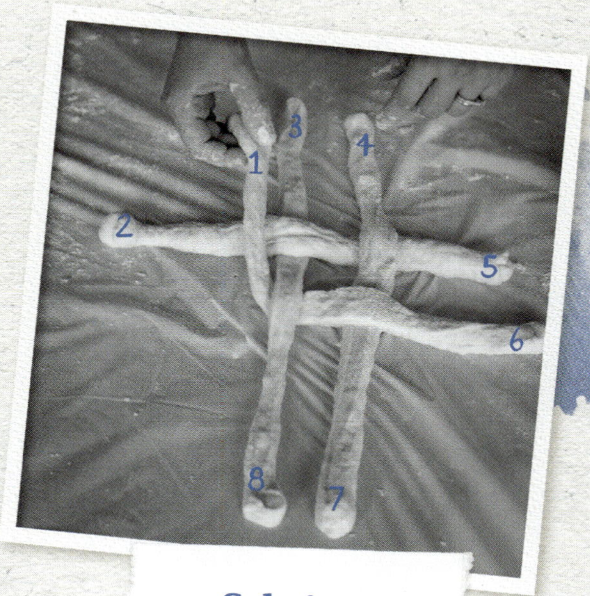

Schritt 3

Strangende 1 über Strangende 2 legen.

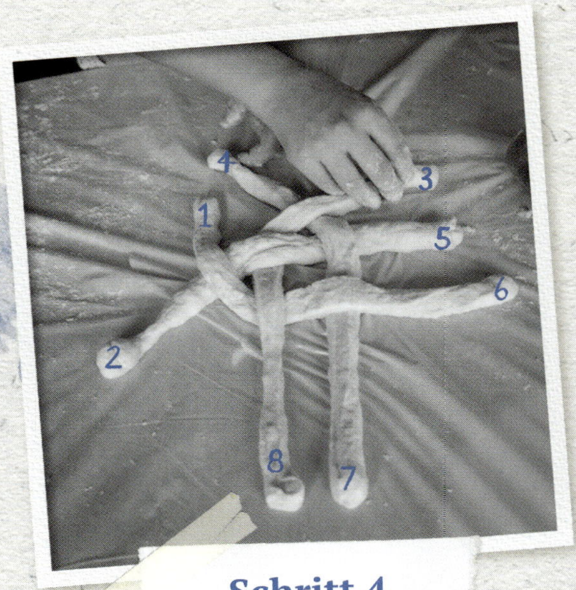

Schritt 4

Strangende 3 über das Ende von Strang 4 legen.

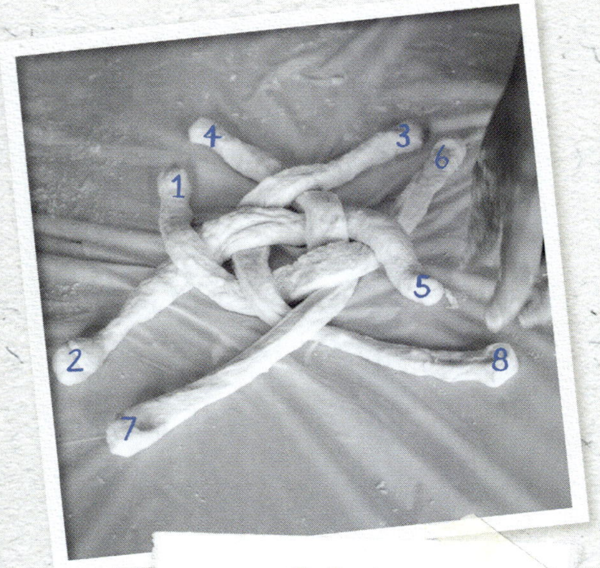

Schritt 5

Strangende 5 über das Ende von Strang 6 und Strangende 7 über Strangende 8 legen.

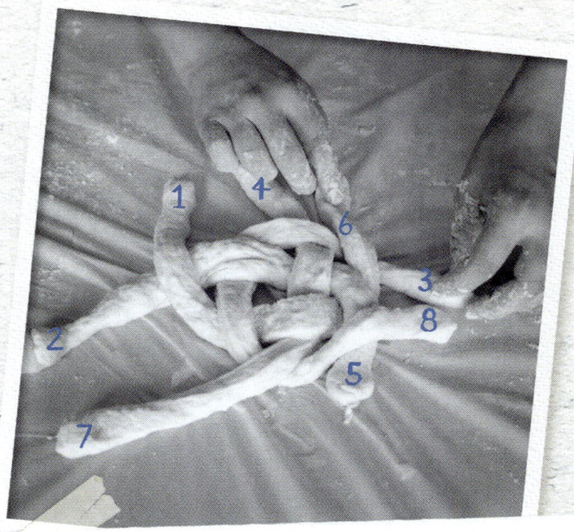

Schritt 6

Stück 4 über Stück 1 legen, dann Stück 6 über Stück 3; Stück 8 über Stück 5 legen und zuletzt Stück 2 über Stück 7.

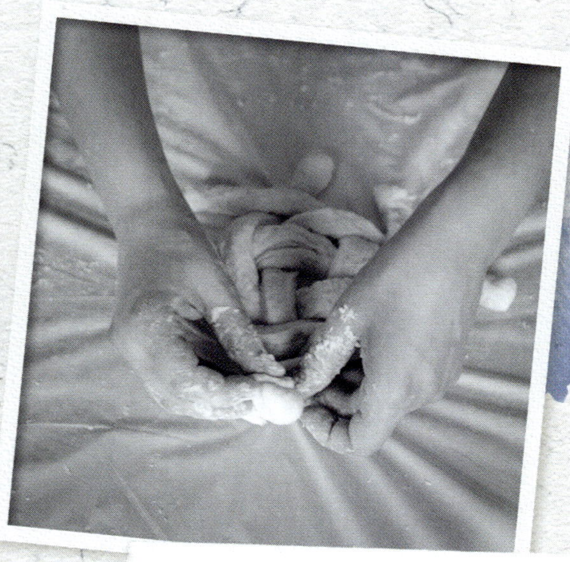

Schritt 7

Je zwei Teigenden zusammendrücken.

Schritt 8

Die Teigenden unter die Teigkugel schieben und die Teigkugel gleichmäßig ausformen.

Schritt für Schritt Klassischer Zopf

Um beim Flechten nicht durcheinanderzukommen, rate ich Ihnen, die Stränge mit kleinen Holzspießen zu markieren: 1 Holzspieß für Strang 1, 2 Holzspieße für Strang 2 usw.

Schritt 1

Den Teig in 4 Portionen teilen und zu 4 langen Strängen rollen.

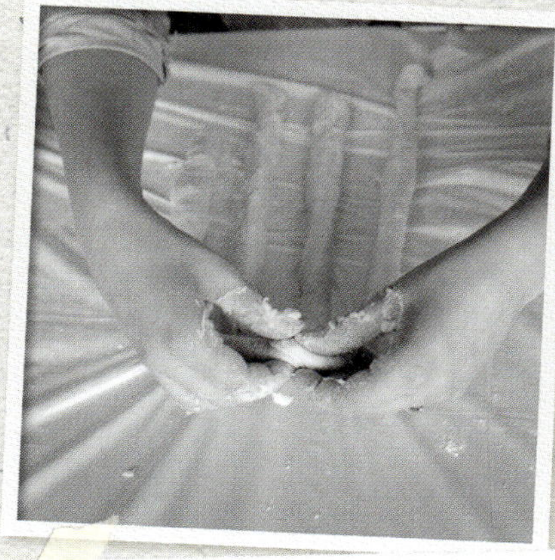

Schritt 2

Die Stränge nebeneinanderlegen und an den oberen Enden zusammendrücken.

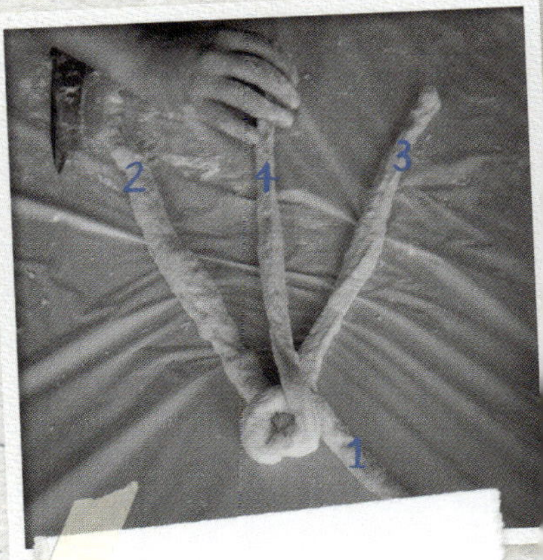

Schritt 3

Strang 1 über die Stränge 2 und 3 legen. Strang 4 über die Stränge 1 und 3.

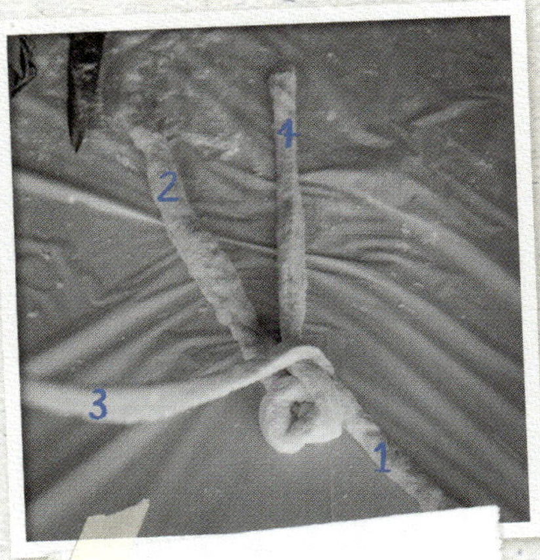

Schritt 4

Stück 3 über die Stücke 4 und 2 schlagen.

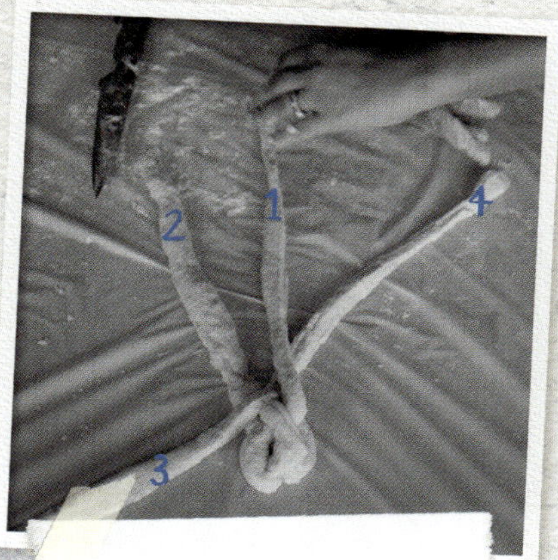

Schritt 5

Stück 1 über Stück 4 schlagen.

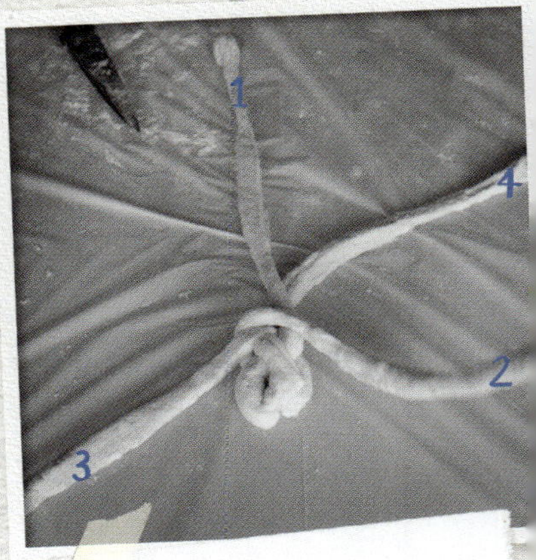

Schritt 6

Stück 2 über die Stücke 1 und 4 legen.

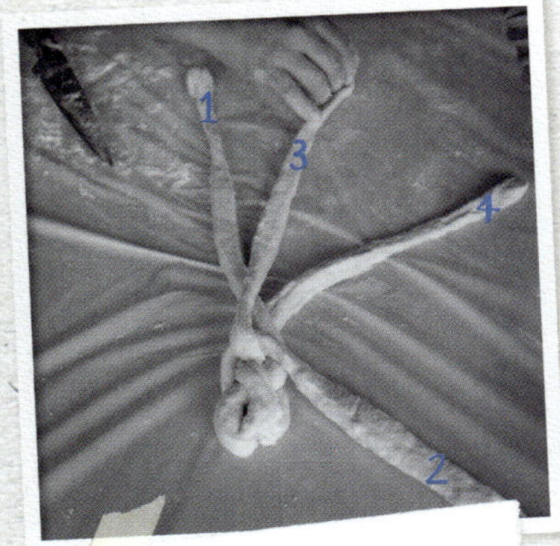

Schritt 7

Stück 3 über Stück 1 schlagen.

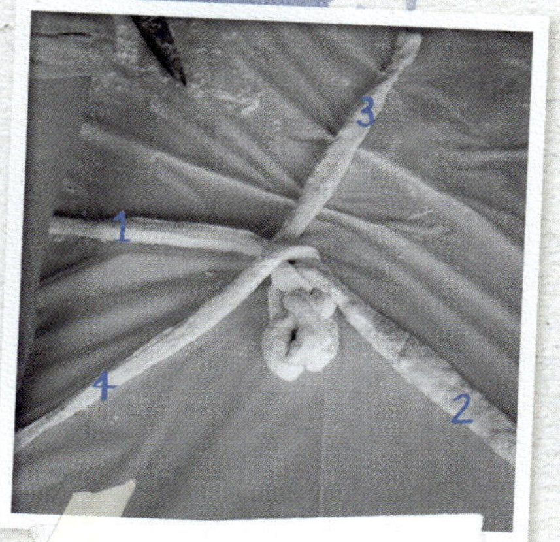

Schritt 8

Stück 4 über die Stücke 3 und 1 legen.

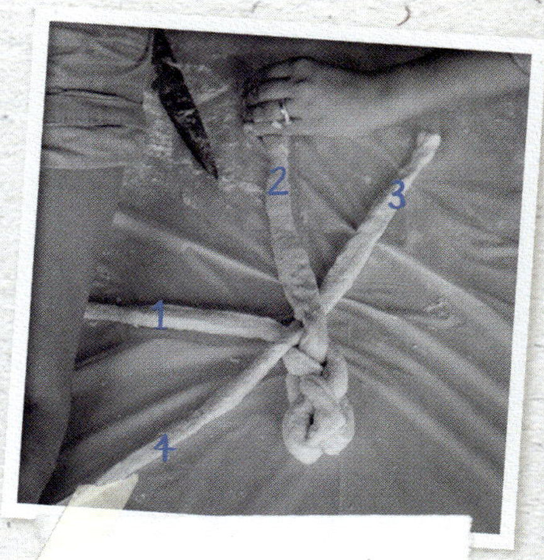

Schritt 9

Stück 2 über Stück 3 legen.

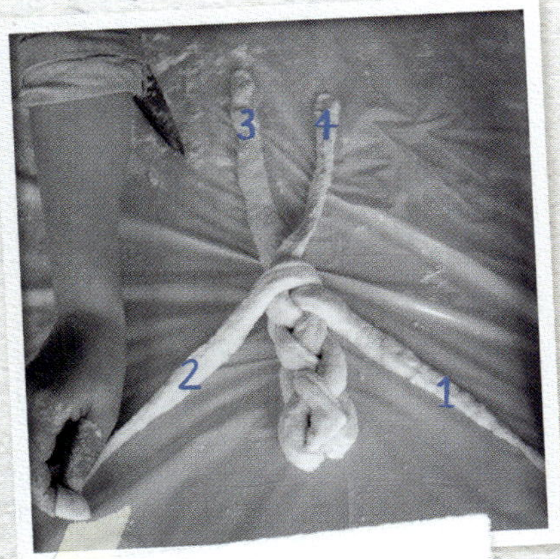

Schritt 10

Stück 3 über Stück 2 legen. Dann Stück 1 über die Stücke 3 und 2 schlagen. Stück 2 über die Stücke 3 und 4 schlagen und Stück 4 über Stück 3 legen.

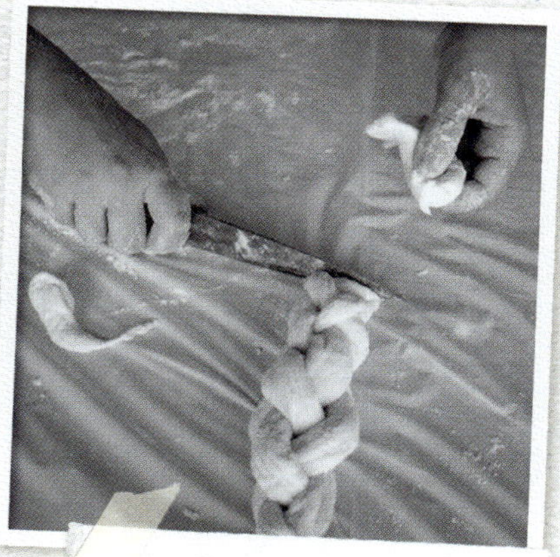

Schritt 11

Stück 1 über Stück 4 legen, Stück 3 über die Stücke 1 und 4, zuletzt Stück 1 über Stück 2 legen. Die Teigenden zusammendrücken und abschneiden.

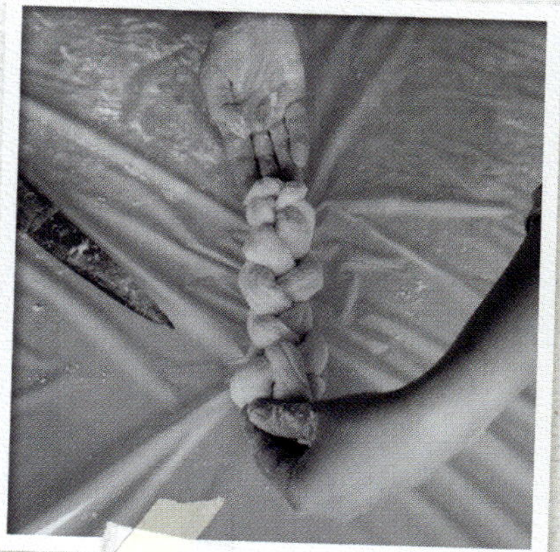

Schritt 12

Beide Teigenden leicht nach unten einschlagen.

MATZEN – UNGESÄUERTES BROT

„Du sollst nichts Gesäuertes dazu essen. Sieben Tage lang sollst du ungesäuertes Brot dazu essen, die Speise der Bedrängnis, damit du dein ganzes Leben lang des Tages gedenkst, an dem du aus Ägypten gezogen bist“ (Deuteronomium 16, 3).

Noch Jahrtausende später erinnert man sich beim siebentägigen Fest Pessach an den Auszug der Kinder Israels aus Ägypten, indem man nur ungesäuertes Matzenbrot isst. Damit werden auch Gerichte zubereitet wie Kneidler oder Matzenbrei, die man traditionell an Pessach serviert, aber auch sonst gern isst.

Um Matzenbrot selbst zuzubereiten, wie im folgenden Rezept beschrieben wird, sollte idealerweise Mehl verwendet werden, dessen Getreidegärung überwacht wurde. Vor allem ist es aber wichtig, den Teig rasch zuzubereiten und zu verarbeiten – wie beim Auszug aus Ägypten –, damit das Mehl nicht gären kann.

Easy Pour Spout
Eco Friendly
Streit's
SINCE 1925
PASSOVER
MATZO MEAL
The Taste of a Memory
NET WT. 2 LB. (908g)
SODIUM FREE
FAT FREE
Streit's
MATZOS
UNSALTED
Streit's
MATZO THINS
SALT & PEPPE

Matzen

Ergibt 8 Stück • Zubereitungszeit: 10 Minuten
Garzeit: etwa 5 Minuten

Zutaten

- 125 g Mehl plus etwas mehr zum Bestäuben
- 1 Prise Salz
- 75 ml Wasser

Den Backofen auf 250 °C vorheizen (oder, falls möglich, bis zu 280 °C – je heißer, desto besser). Die Backbleche, auf denen die Brotfladen gebacken werden sollen, in den Ofen schieben, um sie vorzuheizen.

Mehl und Salz in der Schüssel der Küchenmaschine auf mittlerer Stufe 1 Minute mit dem Knethaken mischen. Bei laufendem Motor nach und nach das Wasser zugießen. Der Teig sollte die Konsistenz von Pizzateig haben. Dann weitere 1–2 Minuten kneten. Den Teig in 8 Portionen teilen und sofort weiterverarbeiten.

Den Teig auf einer leicht bemehlten Arbeitsfläche mit einem Teigroller zu 2–3 Millimeter dünnen Fladen ausrollen. Auf die heißen Backbleche legen und im vorgeheizten Ofen backen, bis sie leicht gebräunt sind.

Matzenbrei

Für 4 Personen • Zubereitungszeit: 10 Minuten
Garzeit: 10 Minuten • Ruhezeit: 10 Minuten

Zutaten

- 8 Matzenbrote
- 4 Eier
- 250 ml Milch
- 25 g Butter

Für einen süßen Brei:

- 25 g Zucker
- 1 EL Zimtpulver
- nach Belieben auch 50 g gehackte Trockenfrüchte wie Aprikosen, Feigen oder Rosinen

Für einen salzigen Brei:

- Salz
- nach Belieben auch 100 g geriebener Emmentaler oder frisch gehackte Kräuter wie Basilikum oder Petersilie oder gehackte getrocknete Tomaten oder Oliven

Die Matzenbrote grob zerkleinern und in eine Schüssel geben. 300 Milliliter Wasser zugießen und aufweichen lassen. Die Brotstücke dürfen nicht vollständig durchweicht sein, sonst wird die Masse zu sämig.

Die Matzenbrotstücke in ein Sieb geben und überschüssiges Wasser abtropfen lassen.

Eier und Milch in einer Schüssel verquirlen. Die Matzenbrotstücke sowie die süßen oder salzigen Zutaten zugeben.

Die Butter in einer Pfanne zerlassen. Die Matzenmischung hineingeben und bei mittlerer Hitze anbraten, bis die Unterseite leicht gebräunt ist. Wenden und von der anderen Seite ebenfalls braun anbraten. Auf diese Weise zubereitet gleicht der Matzenbrei einer Art Tortilla, die in Stücke geschnitten werden kann. Die Masse kann beim Garen aber auch gerührt werden, sodass der Matzenbrei einem Rührei gleicht.

Matzenpizza

Zutaten

- 500 g passierte Tomaten
- Salz und Pfeffer
- 2 Knoblauchzehen
- ½ Bund Zitronenthymian
- 2 Kugeln Burrata oder Mozzarella
- 1 Bund Basilikum
- 4 Matzenbrote (etwa 30 x 15 Zentimeter)

Für 4 Personen • Zubereitungszeit: 10 Minuten
Garzeit: 15 Minuten • Abkühlzeit: 15 Minuten

Die passierten Tomaten in einen großen Topf geben und mit Salz und Pfeffer würzen. Die Knoblauchzehen schälen und zerdrücken. Die Thymianblätter von den Zweigen zupfen und zusammen mit dem Knoblauch in die passierten Tomaten mischen. Bei mittlerer Hitze etwa 10 Minuten garen, dann abkühlen lassen, bis die Mischung lauwarm ist.

Inzwischen die Burrata-Kugeln halbieren und in je 6 Scheiben schneiden. Die Blätter von den Basilikumstängeln abzupfen.

Die Brote mit je 1 Kelle Tomatensauce bestreichen, mit je 6 Burrata-Scheiben belegen und mit den Basilikumblättern garnieren.

Ich bestreue meine Matzenpizza noch mit etwas geräuchertem Maldon-Salz. Sie können aber auch Fleur de Sel verwenden.

Matzenwaffeln mit Schokolade

Zutaten

- 200 g Bitterschokolade
- 20 kleine Matzenbrote (5–6 Zentimeter Durchmesser)
- 20 Pistazienkerne
- 20 Rosinen
- 20 ungeschälte Haselnusskerne
- 20 ungeschälte Mandelkerne

Für 4 Personen • Zubereitungszeit: 15 Minuten
Ruhezeit: 30 Minuten

Die Schokolade in Stücke brechen und im Wasserbad schmelzen. Die Matzenbrote mithilfe eines Küchenpinsels großzügig mit der flüssigen Schokolade bestreichen. Bevor die Schokolade fest zu werden beginnt, je 1 Pistazie, 1 Rosine, 1 Haselnuss und 1 Mandel hineindrücken. Die Schokolade fest werden lassen.

Matzen-Knuspermüsli

Für 4 Personen • Zubereitungszeit: 15 Minuten
Garzeit: etwa 20 Minuten

Zutaten

- 200 g Matzenbrot
- 60 g Mandelkerne
- 60 g ungeschälte Haselnusskerne
- 30 g Pinienkerne
- 2 TL brauner Zucker
- 160 g Honig
- 60 g Butter
- 60 g getrocknete Aprikosen
- 60 g getrocknete Cranberrys

Den Backofen auf 180 °C vorheizen. Die Matzenbrote in einen Gefrierbeutel geben und auf die Arbeitsfläche schlagen, bis die Stücke kleiner sind als 1 Zentimeter. Mandeln und Haselnüsse grob hacken.

Die Matzenkrümel mit Mandeln, Haselnüssen und Pinienkernen in einer Schüssel vermengen. Den Zucker mit Honig und Butter in einen Topf geben und sanft erhitzen, bis alle Zutaten geschmolzen sind.

Die Matzenmischung in einer großen rechteckigen Auflaufform verteilen. Die Honigmischung darübergießen und vermengen.

Die Masse im vorgeheizten Ofen etwa 20 Minuten backen. Dabei alle 3–4 Minuten wenden, damit die Stücke nicht zu stark klumpen. Auf einem Bogen Backpapier oder auf einer Silikonbackmatte auf Zimmertemperatur abkühlen lassen. Gegebenenfalls große Klumpen in kleine Stücke brechen. Aprikosen und Cranberrys grob hacken und unter das Knuspermüsli mischen.

Bagels

Der Bagel ist ein aus Osteuropa stammender Brotkringel. Die ältesten Nachweise stammen aus dem 17. Jahrhundert. In Polen wurde dieses Brot angeblich Frauen im Wochenbett, Jungen nach der Beschneidung, trauernden Witwen und allgemein nach einschneidenden Ereignissen als Symbol für den Kreislauf des Lebens überreicht.

Für 4 Personen • Zubereitungszeit: 20 Minuten
Garzeit: 1 Minute (im kochenden Wasser) plus 12–15 Minuten (im Ofen) • Ruhezeit: 1 Stunde

Zutaten

- ½ Päckchen Trockenbackhefe
- 250 g Mehl
- 30 g weiche Butter
- 1 TL Salz
- 15 g Zucker
- 1 Ei zum Bestreichen

Die Hefe in einer Tasse mit etwas lauwarmem Wasser anrühren und einige Minuten stehen lassen, bis sich Bläschen gebildet haben. Mit Mehl, Butter, Salz, Zucker und 150 Millilitern Wasser in die Schüssel der Küchenmaschine geben und mit dem Knethaken 10 Minuten zu einem glatten Teig verarbeiten. Den Teig abgedeckt an einem warmen Ort 1 Stunde gehen lassen. Dann nochmals kurz kneten, um Luftblasen herauszudrücken, und in 4 Stücke teilen.

Die Teigstücke zwischen den Handflächen zu Kugeln formen. Die Kugeln auf der Arbeitsfläche leicht flach drücken und ein Loch in die Mitte stechen. Die Teigringe auf eine Silikonbackmatte setzen.

Den Backofen auf 200 °C vorheizen. In einem großen Topf 2 Liter Wasser zum Kochen bringen. Die Bagels nacheinander ins siedende Wasser geben und kochen, bis sie nach etwa 1 Minute an die Oberfläche steigen.

Mit einem Schaumlöffel herausnehmen und wieder auf die Silikonbackmatte setzen. Das Ei verquirlen und die Bagels damit bestreichen. Auf ein Backblech setzen und im vorgeheizten Ofen 12–15 Minuten goldbraun backen.

OBWARZANKI
KRAKOWSKIE
1,60 zł
KRAKOW BAGEL

BIALYS UND PLETZEL

Bialy ist ein kleines Brot, das seinen Namen von der polnischen Stadt Bialystok hat, aus der es stammt. Die amerikanische Autorin Mimi Sheraton hat über dieses Brot ein sehr bewegendes Buch geschrieben, in dem sie in Gesprächen mit vielen polnischen Emigranten ihre Herkunft zu ergründen versucht. Ein Bialy ähnelt einem Bagel, hat aber statt eines Lochs in der Mitte eine Mulde und ist mit Zwiebeln bestreut.

Ein Pletzel (jiddisch für „kleiner Platz") wiederum ist ein größeres, flaches Fladenbrot, vergleichbar mit einer kleinen Pizza.

Bialy

Für 4 Personen • Zubereitungszeit: 25 Minuten
Garzeit: 15 Minuten • Ruhezeit: 3 Stunden

Zutaten

- 450 g Mehl
- 1 TL Trockenbackhefe
- 8 g Salz
- 1 weiße Zwiebel
- 40 g Mohnsaat

Das Mehl mit Hefe, Salz und 250 Millilitern kaltem Wasser in die Schüssel der Küchenmaschine geben. Mit dem Knethaken etwa 10 Minuten auf mittlerer Stufe zu einem geschmeidigen Teig verarbeiten.

Die Schüssel mit Frischhaltefolie abdecken und den Teig etwa 2 Stunden an einem warmen und vor Zugluft geschützten Ort gehen lassen. Den Teig nochmals kurz durchkneten, um Luftblasen herauszudrücken, und dann in 8 Stücke teilen. Diese zu Kugeln formen und auf einem Bogen Backpapier abgedeckt 1 Stunde gehen lassen.

Den Backofen auf 250 °C vorheizen, das Backblech miterhitzen.

Die Zwiebel schälen und fein hacken.

Die Teigkugeln nochmals kurz durchkneten, um Luftblasen herauszudrücken, und zu etwa 10 Zentimeter großen Fladen ausziehen, dabei eine tiefe Mulde in die Mitte drücken, ohne aber ein Loch hineinzureißen (der Teig geht beim Backen wieder etwas auf). Die Teigrohlinge mit ausreichendem Abstand auf einen Bogen Backpapier setzen, da sie beim Backen noch aufgehen. Die Zwiebeln in die Mitte geben und die Teigrohlinge großzügig mit dem Mohn bestreuen.

Mit dem Backpapier auf das heiße Blech geben und im vorgeheizten Ofen etwa 15 Minuten goldbraun backen.

Pletzel

Für 4 Personen (1 großes Fladenbrot) • Zubereitungszeit: 20 Minuten
Ruhezeit: 3 Stunden • Garzeit: 10 Minuten

Zutaten

- 225 Mehl plus etwas mehr zum Bestäuben
- ½ TL Trockenbackhefe
- 4 g Salz
- 2 weiße Zwiebeln
- 20 g Mohnsaat
- 2 große Prisen Fleur de Sel

Das Mehl mit Hefe, Salz und 125 Millilitern kaltem Wasser in die Schüssel der Küchenmaschine geben. Mit dem Knethaken 10 Minuten auf mittlerer Stufe zu einem geschmeidigen Teig verarbeiten.

Die Schüssel mit Frischhaltefolie abdecken und den Teig etwa 2 Stunden an einem warmen und vor Zugluft geschützten Ort gehen lassen. Den Teig nochmals kurz durchkneten, um Luftblasen herauszudrücken. Zu einer Kugel formen und auf einem Bogen Backpapier abgedeckt 1 Stunde gehen lassen.

Den Backofen auf 250 °C vorheizen, das Backblech miterhitzen.

Die Zwiebeln schälen und fein hacken.

Den Teig nochmals kurz durchkneten, um Luftblasen herauszudrücken. Auf einer mit Mehl bestäubten Arbeitsfläche mit einem Teigroller zu einem 1 Zentimeter dicken Rechteck ausrollen. Auf einen Bogen Backpapier heben. Die Zwiebeln gleichmäßig darauf verteilen. Großzügig mit Mohn und Fleur de Sel bestreuen.

Mit dem Backpapier auf das heiße Blech geben und im vorgeheizten Ofen etwa 10 Minuten goldbraun backen.

MANDLEN

Mandlen sind kleine Croûtons, die man als Einlage in einer einfachen Hühner- oder Gemüsebrühe (siehe Seite 201 und Seite 200) verzehrt. Sie können ganz klein und eckig oder größer und rund wie kleine trockene Windbeutel sein. Die folgenden Rezepte lassen sich mit Gewürzen oder Kräutern verfeinern.

Kleine Mandlen

Für 4 Personen • Zubereitungszeit: 15 Minuten
Garzeit: etwa 5 Minuten

Zutaten

- 2 Eier
- 1 EL Sonnenblumenöl, plus Öl zum Einfetten und Braten
- 125 g Mehl, plus etwas mehr zum Bestäuben
- 1 Prise Instant-Hühnerbrühe
- 1 Prise Salz
- 1 Prise Natron

Die Eier verquirlen, dann das Öl unterrühren.

Mehl, Instant-Hühnerbrühe, Salz und Natron in die Schüssel der Küchenmaschine geben. Die Eiermasse zufügen und auf mittlerer Stufe 10 Minuten zu einem glatten Teig verarbeiten.

Den Teig in Portionen teilen und diese auf einer bemehlten Arbeitsfläche zu 5 Millimeter dünnen Strängen rollen. Mit einem eingeölten und bemehlten Messer in 5 Millimeter große Stücke schneiden.

Reichlich Öl in einer großen Pfanne erhitzen. Die Mandlen darin braten, bis sie schön gebräunt sind. Herausheben und auf Küchenpapier abtropfen lassen. Als Suppeneinlage verwenden.

Brandteig-Mandlen

Für 4 Personen • Zubereitungszeit: 10 Minuten
Garzeit: 30 Minuten

Zutaten

- 3 Eier
- 50 g Butter
- 1 Prise Salz
- 120 g Mehl

Den Backofen auf 220 °C vorheizen. Die Eier in einer kleinen Schale verquirlen.

Butter und Salz mit 250 Millilitern Wasser in einem Topf zum Kochen bringen. Dann die Hitze auf mittlere Stufe reduzieren.

Das gesamte Mehl in den Topf geben und mit einem Holzlöffel kräftig rühren, bis sich der Teig als Kloß vom Topfboden löst und sich eine weißliche Schicht darauf gebildet hat. Den Topf vom Herd nehmen und unter ständigem Rühren nach und nach die Eier zugießen.

Den Teig in einen Spritzbeutel mit kleiner Lochtülle füllen und etwa 2 Zentimeter große Windbeutelchen auf ein mit Backpapier ausgelegtes Backpapier spritzen.

Im vorgeheizten Ofen etwa 20 Minuten backen, bis die Windbeutel schön gebräunt sind.

Diese Mandlen werden als Suppeneinlage verwendet. Dazu 2–3 Tage an der Luft trocknen lassen. Sie halten sich mehrere Wochen in einem luftdicht schließenden Behälter.

Pumpernickel oder braunes Brot

Pumpernickel, der es mit osteuropäischen Migranten über den Atlantik in die USA geschafft hat, besteht eigentlich nur aus Wasser und Roggen in unterschiedlichem Mahlgrad (Mehl und ganze Körner), sodass das Brot recht kompakt und fest ist. Die amerikanische Pumpernickel-Version ist luftiger und sieht durch den Kakao aus wie ein Laib Mischbrot.

Ergibt 1 Laib • Zubereitungszeit: 25 Minuten
Garzeit: 40 Minuten • Ruhezeit: 2½ Stunden

Zutaten

- ½ Päckchen Trockenbackhefe
- 35 g Kakaopulver
- 100 g Mehl
- 150 g Weizenvollkornmehl
- 1 EL Sonnenblumenöl plus etwas mehr zum Bestreichen
- 1 große Prise Salz
- 1 Prise Zucker
- 1 TL Instantkaffeegranulat
- 70 g Malzsirup oder Melasse

Die Hefe mit etwas lauwarmem Wasser anrühren und 10 Minuten stehen lassen, bis sich Bläschen gebildet haben.

Den Kakao mit etwas Wasser klümpchenfrei anrühren.

Beide Mehlsorten mit Sonnenblumenöl, Salz, Zucker, Kaffeegranulat, Malz, Kakaomischung, Hefeansatz und 200 Millilitern Wasser in die Schüssel der Küchenmaschine geben. Mit dem Knethaken auf mittlerer Stufe 10 Minuten zu einem glatten, geschmeidigen Teig verarbeiten. Falls er zu klebrig ist, noch etwas Mehl einarbeiten. Falls er zu fest ist, nach und nach etwas Wasser einarbeiten.

Die Schüssel mit Frischhaltefolie abdecken und den Teig 2 Stunden an einem warmen und vor Zugluft geschützten Ort gehen lassen.

Den Teig nochmals kurz durchkneten, um Luftblasen herauszudrücken. Dann zu einem schönen runden Laib formen, dünn mit Öl bestreichen und weitere 30 Minuten gehen lassen.

Den Backofen auf 180 °C vorheizen und das Brot darin etwa 40 Minuten backen.

Blini

Diese kleinen osteuropäischen Pfannkuchen, die es in Tausenden von Varianten gibt, werden traditionell zum Winterende zubereitet, um die Wiederkehr der Sonne zu feiern – deshalb auch ihre runde Form. Blini werden mit Räucherlachs und Schmand oder mit Tarama (siehe Seite 64) serviert.

Für 4 Personen • Zubereitungszeit: 5 Minuten
Garzeit: 20 Minuten • Kühlzeit: 1 Stunde

Zutaten

- 400 g Mehl
- 500 g Naturjoghurt
- 4 Eier
- 2 Päckchen Backpulver
- 8 g Salz
- Sonnenblumenöl zum Braten

Das Mehl mit Joghurt, Eiern, Backpulver und Salz in die Schüssel der Küchenmaschine geben und mit dem Schneebesen zu einem glatten Teig verarbeiten. Abgedeckt 1 Stunde im Kühlschrank ruhen lassen.

Eine große Pfanne erhitzen und mit Öl ausstreichen. Mit einer kleinen Kelle etwa 8 Zentimeter große und 5 Millimeter dicke Blini in die Pfanne setzen und backen, bis die Oberseite Blasen wirft. Die Blini wenden und von der anderen Seite ebenfalls goldgelb backen. Nicht mit dem Pfannenwender auf die Blini drücken, sonst werden sie nicht luftig. Sofort servieren.

Pitabrot

Dieses luftige kleine Fladenbrot wird in Israel für Sandwiches verwendet. Es wird eingeschnitten und mit diversen Zutaten wie Salaten, Falafeln oder gegrillten Auberginen gefüllt. Pitabrot kann aber auch wie jedes andere Brot als Kräcker zu Mezze-Gerichten wie Hummus oder Baba Ganoush serviert werden. Dazu werden die Pitas in Stücke geschnitten und in der Pfanne oder im Ofen trocken geröstet.

Für 4 Personen • Zubereitungszeit: 25 Minuten
Garzeit: etwa 10 Minuten • Ruhezeit: 2 ¼ Stunden

Zutaten

- 1 Päckchen Trockenbackhefe
- 500 g Mehl plus etwas mehr nach Bedarf und zum Bestäuben
- 2 EL Olivenöl
- 8 g Salz

Die Hefe mit 200 Millilitern lauwarmem Wasser anrühren und etwa 10 Minuten stehen lassen, bis sich Bläschen gebildet haben.

Das Mehl mit Hefeansatz, Olivenöl, Salz und 200 Millilitern Wasser in die Schüssel der Küchenmaschine geben. Mit dem Knethaken auf mittlerer Stufe etwa 10 Minuten zu einem geschmeidigen Teig verarbeiten. Wenn der Teig zu fest ist, nach und nach noch etwas Wasser einarbeiten. Wenn er noch klebrig ist, ein wenig zusätzliches Mehl unterkneten. Die Schüssel mit Frischhaltefolie abdecken und den Teig etwa 2 Stunden an einem warmen und vor Zugluft geschützten Ort gehen lassen.

Den Teig nochmals kurz durchkneten, um eventuelle Luftblasen herauszudrücken, und dann in 4 Stücke teilen. Zu Kugeln formen und auf einem Bogen Backpapier abgedeckt etwa 15 Minuten gehen lassen.

Inzwischen den Backofen auf 250 °C vorheizen, dabei das Backblech miterhitzen. Die Teigkugeln auf einer leicht bemehlten Arbeitsfläche zu 2–3 Millimeter dünnen Fladen ausrollen.

Das heiße Backblech aus dem Ofen nehmen, die Teigfladen daraufsetzen und sofort wieder in den Ofen schieben. Dadurch gehen sie beim Backen besonders schön auf. Wenn die Unterseite leicht gebräunt ist, die Pitabrote wenden und von der anderen Seite einige Minuten backen.

Mufleta

In vielen sephardischen Familien werden Mufletas zu Mimuna serviert, dem Essen zum Abschluss des Pessach-Festes. Dabei wird gefeiert, dass man wieder Chametz essen darf (gesäuerte Getreidezubereitungen). Mufleta wird häufig mit Honig serviert.

Für 4 Personen • Zubereitungszeit: 10 Minuten
Garzeit: etwa 30 Minuten • Ruhezeit: 40 Minuten

Zutaten

- 500 g Mehl
- ½ TL Trockenbackhefe
- ½ EL Salz
- 15 g Margarine
- 500 ml Sonnenblumenöl plus etwas mehr zum Einfetten

Das Mehl in eine Schüssel sieben. Die Hefe untermischen. Salz und Margarine einarbeiten.

Nach und nach 350 Milliliter lauwarmes Wasser von Hand unterkneten. Der Teig sollte brotteigartig sein und nicht mehr kleben.

Die Hände gut mit Öl einfetten. Den Teig zu golfballgroßen Kugeln formen und auf ein mit Backpapier ausgelegtes Blech setzen (durch die Ölschicht trocknen die Teigkugeln nicht aus und es kann sich keine Kruste bilden).

Mit einem Tuch abdecken und den Teig 40 Minuten an einem warmen und vor Zugluft geschützten Ort gehen lassen.

Das Öl in eine ausreichend große Schüssel füllen und die Teigkugeln darin schwenken.

Auf einer sauberen Arbeitsfläche eine Teigkugel mit eingeölten Händen möglichst dünn ausziehen (Teig sollte durchscheinend sein). Eine große Pfanne erhitzen und den Teigfladen bei mittlerer Hitze einige Minuten backen. Inzwischen eine zweite Teigkugel wie beschrieben dünn ausziehen. Den Teigfladen in der Pfanne wenden und den zweiten Teigfladen darauflegen. Eine dritte Teigkugel wie beschrieben möglichst dünn ausziehen. Den Teigfladen in der Pfanne wenden und den neuen Teigfladen darauflegen. So weiter verfahren, bis alle Teigportionen aufgebraucht sind.

Auf diese Weise erhält man ein geschichtetes Fladenbrot, das mit Zucker, Honig oder Konfitüre garniert und aufgerollt verzehrt wird.

Teig für Piroschki, tunesisches Sandwichbrötchen oder Fricassé

Wird dieser Teig in heißem Fett ausgebacken, erhält man Fricassé. Im Ofen gebacken entstehen daraus tunesische Sandwichbrötchen oder Piroschki.

Zubereitungszeit: 15 Minuten
Garzeit: etwa 5 Minuten (in der Fritteuse) oder 15–20 Minuten (im Ofen) • Ruhezeit: 1–1½ Stunden

Zutaten

- 1 TL Trockenbackhefe
- 500 g Mehl
- 2 Eier
- 50 ml Sonnenblumenöl
- 10 g Zucker
- 15 g Salz

Die Hefe in der Schüssel der Küchenmaschine mit 50 Millilitern lauwarmem Wasser anrühren. Mehl, Eier, Öl, Zucker, Salz und weitere 150 Milliliter lauwarmes Wasser zufügen und mit dem Knethaken auf mittlerer Stufe 10 Minuten zu einem glatten Teig verarbeiten.

Die Schüssel mit Frischhaltefolie abdecken und an einem warmen, vor Zugluft geschützten Ort 1 Stunde gehen lassen.

Den Teig nochmals kurz durchkneten, um Luftblasen herauszudrücken. Dann zu Brötchen in der gewünschten Größe und Gestalt formen.

Piroschki

Siehe Seite 56.

Fricassé

Die Teigrohlinge auf einem Backblech weitere 30 Minuten gehen lassen.

In der Fritteuse bis zur gewünschten Bräunung ausbacken.

Tunesische Sandwichbrötchen

Den Backofen auf 250 °C vorheizen. Die Teigrohlinge auf ein mit Backpapier ausgelegtes Backblech setzen und etwa 15 Minuten goldgelb backen.

PLAT
TUNISIEN
BRICKS.
L'ESPRIT
GÉANT!

Tunesische Kakis

Kakis habe ich zum ersten Mal in Kram, einem Vorort von Tunis gegessen. Dort werden sie täglich frisch nach altem Rezept von zwei Brüdern hergestellt.

Für 4 Personen • Zubereitungszeit: 10 Minuten
Garzeit: 20 Minuten • Ruhezeit: 1 ½ Stunden

Zutaten

- ½ Päckchen Trockenbackhefe
- 300 g Mehl
- 50 ml Sonnenblumenöl
- 2 EL Fenchelsamen
- 1 Prise Tafelsalz
- 50 g Fleur de Sel

Die Hefe mit 180 Millilitern lauwarmem Wasser anrühren und einige Minuten stehen lassen.

Das Mehl mit Hefeansatz, Öl, Fenchelsamen und Tafelsalz in die Schüssel der Küchenmaschine geben und mit dem Knethaken etwa 10 Minuten zu einem festen, nicht mehr klebenden Teig verarbeiten. Abgedeckt 1 Stunde gehen lassen.

Den Teig in etwa 40 Portionen teilen und zwischen den Handflächen zu etwa 3 Zentimeter dicken Rollen formen. Weitere 30 Minuten gehen lassen. Die Teigrohlinge erneut zu 3 Zentimeter dicken Rollen formen und diese in etwa 2 Zentimeter breite Stücke schneiden.

Den Backofen auf 200 °C vorheizen.

Ein Backblech mit dem Fleur de Sel bestreuen und die Teigstückchen darauf verteilen.

Im vorgeheizten Ofen etwa 15 Minuten backen, dann weitere 5 Minuten bei 250 °C. Die Kakis sollten goldbraun sein, aber achten Sie darauf, dass sie nicht zu dunkel werden.

FARINE PATISSIERE
EXTRAITE A PS-7

DESSERTS

STRUDEL, CHEESECAKE, SERNIK, MOHNKUCHEN, BLINTZEN, BABKA UND RUGELACHS

Alle diese Backwaren stammen ursprünglich vor allem aus Osteuropa – ob es sich um ukrainische Blintzen, österreichischen Strudel oder polnischen Sernik handelt. Im Zuge der Migrationswellen haben sich viele Backwaren über die Zeit relativ stark verändert – nicht zuletzt auch deshalb, weil in den Zielländern bestimmte Zutaten gar nicht oder nur in anderer Form erhältlich waren. Sernik beispielsweise ist kompakter geworden, hat einen Teigboden bekommen und ist nach der Überquerung des Atlantiks zum Cheesecake mutiert. Auch die Babka hat sich stark verändert: Ursprünglich bestand sie aus luftigem Biskuit, heute wird sie aus Hefeteig mit Schokolade gebacken.

Strudel

Für 4 Personen • Zubereitungszeit: 25 Minuten (einfache Variante) oder 1 Stunde (aufwendige Variante)
Garzeit: 2 Stunden 10 Minuten • Ruhezeit: 45 Minuten (aufwendige Variante)

Zutaten

Für die Füllung:

- 80 g Sultaninen
- 100 ml lieblicher Cidre
- 6 Äpfel (z.B. Pink Lady)
- 60 g getrocknete Aprikosen
- 60 g Walnusskerne
- 100 ml Ahornsirup
- 1 TL Zimtpulver

Füllung

Die Sultaninen mit dem Cidre in eine Schale geben und einweichen, solange die anderen Zutaten vorbereitet werden.

Die Äpfel schälen, entkernen und in Stücke schneiden. Die Aprikosen klein würfeln. Die Walnüsse grob hacken. Alles in einem Topf vermengen.

Die Sultaninen samt Cidre zufügen. Ahornsirup und Zimt nach und nach untermischen.

Den Deckel aufsetzen und die Mischung bei niedriger Hitze 1½ Stunden unter gelegentlichem Rühren garen. Vollständig erkalten lassen.

Bitte umblättern

Strudel (einfache Variante)

Zubereitungszeit: 10 Minuten

Zutaten

- 25 g Butter
- 4 Blätter Filoteig
- 20 g Puderzucker

Den Backofen auf 180 °C vorheizen. Die Butter in einem Topf oder in der Mikrowelle zerlassen und etwas abkühlen lassen.

Ein Teigblatt quer zum Körper auf einer sauberen Arbeitsfläche ausbreiten. Mit einem Drittel der zerlassenen Butter bestreichen und mit einem Drittel des Puderzuckers bestäuben. Zwei weitere Teigblätter darauflegen und jeweils mit einem Drittel der Butter bestreichen und mit einem Drittel des Puderzuckers bestäuben. Mit dem letzten Teigblatt bedecken.

Mehrere Löffel der Apfelmasse auf der oberen Hälfte der Teigplatte gleichmäßig verteilen. Die kurzen Seiten einschlagen und die Teigplatte locker zum Körper hin aufrollen. Nicht zu viel Apfelmasse verwenden, da der Strudel beim Backen sonst platzen kann.

Backen

Den Strudel auf ein Backblech heben und 20 Minuten im vorgeheizten Ofen backen. Dann das Backblech drehen, damit der Strudel gleichmäßig gart. Weitere 20 Minuten backen, bis er schön gebräunt ist.

Strudel (aufwendige Variante)

Zubereitungszeit: 45 Minuten
Ruhezeit: 45 Minuten

Zutaten

- 250 g Mehl plus etwas mehr zum Bestäuben
- 3 EL Öl
- 1 Prise Salz
- 1 Ei
- 20 g Butter
- 20 g Puderzucker

Das Mehl in eine Schüssel geben und eine Vertiefung in die Mitte drücken. Öl, Salz, Ei und 120 Milliliter lauwarmes Wasser hineingeben. Zu einem glatten, nicht mehr klebrigen Teig verarbeiten. Die Schüssel abdecken und den Teig an einem warmen Ort 45 Minuten ruhen lassen.

Die Butter in einem Topf zerlassen und abkühlen lassen.

Ein großes, sauberes Geschirrtuch auf eine Arbeitsfläche legen und mit Mehl bestäuben. Den Teig darauflegen und zu einer etwa 1 Zentimeter dicken Scheibe ausrollen. Gegebenenfalls mit weiterem Mehl bestäuben. Mit bemehlten Händen den Teig vorsichtig ausziehen, bis er so dünn ist, dass das Tuch darunter durchscheint.

Den Teig mit der Butter bestreichen und mit dem Puderzucker bestäuben. Die Apfelmasse gleichmäßig darauf verteilen und zu einem Strudel aufrollen.

Backen

Den Strudel auf ein Backblech heben und 20 Minuten im vorgeheizten Ofen backen. Dann das Backblech drehen, damit der Strudel gleichmäßig gart. Weitere 20 Minuten backen, bis er schön gebräunt ist.

New Yorker Cheesecake

Dieser Käsekuchen ist heute viel bekannter als seine ursprüngliche Version, der Sernik, was zeigt, dass viele in die Vereinigten Staaten emigrierte aschkenasische Juden die kulinarischen Traditionen ihres Heimatlandes aufrechterhalten wollten und sie gleichzeitig dem Produktangebot in den USA angepasst haben. Dieses Rezept stammt von meiner Freundin Nina, erfahrene Chefpâtissière bei einem der größten französischen Köche, deren Talent nur von ihrer Liebenswürdigkeit getoppt wird. Abgesehen davon ist Nina die Enkeltochter von Irène, dieser unglaublichen Frau mit russisch-polnischen Wurzeln, bei der man nicht gehen darf, ohne ein Gläschen Wodka getrunken zu haben.

Für 6 Personen • Zubereitungszeit: 30 Minuten
Garzeit: 1 ½ Stunden • Kühlzeit: 2 Stunden

Zutaten

Für den Krümelboden:

- 15 g Butter
- 75 g Spekulatius

Für die Füllung:

- 300 g Frischkäse
- 50 g Zucker
- 1 Ei
- 1 Eigelb
- 35 g Sahne

Den Boden einer kleinen Springform (18 Zentimeter Durchmesser) mit einem zurechtgeschnittenen Backpapierkreis auslegen. Für den Rand einen Backpapierstreifen ausschneiden und anlegen. Die Backform auf ein Backblech setzen.

Für den Boden die Butter bei Zimmertemperatur weich werden lassen. Den Spekulatius in grobe Stücke brechen und im Standmixer mit der Butter zu einer teigartigen Masse verarbeiten. Dann gleichmäßig auf den Boden der Springform drücken und kalt stellen.

Den Backofen auf 100 °C vorheizen.

Für die Füllung Frischkäse, Zucker, Ei, Eigelb und Sahne in einer Schüssel glatt rühren. Die Masse auf den Krümelboden gießen und glatt streichen. Im vorgeheizten Ofen 1 ½ Stunden backen.

Den Cheesecake erkalten lassen und vor dem Servieren 2 Stunden im Kühlschrank kalt stellen.

Mohnkuchen

Für 8–10 Personen • Zubereitungszeit: 45 Minuten
Garzeit: 1 Stunde 5 Minuten • Ruhezeit: 45 Minuten

Zutaten

Für den Teig:

- 20 g Butter zum Einfetten
- 250 g Mehl plus etwas mehr zum Bestäuben
- 3 EL Öl
- 1 Prise Salz
- 1 Ei

Für die Füllung:

- 500 g Blaumohn
- 6 Eiweiß
- 50 g Walnusskerne
- 170 g brauner Zucker
- 50 g Rosinen
- 60 g Honig
- 1 Prise Zimtpulver

Den Boden einer Springform (24 Zentimeter Durchmesser) mit der Butter einfetten und mit einem zurechtgeschnittenen Backpapierkreis auslegen. Für den Rand einen Backpapierstreifen ausschneiden und anlegen. Die Backform auf ein Backblech setzen.

Für den Teig das Mehl in eine Schüssel geben und eine Vertiefung in die Mitte drücken. Öl, Salz, Ei und 120 Milliliter lauwarmes Wasser hineingeben. Die Zutaten zu einem glatten, nicht mehr klebrigen Teig verarbeiten. Den Teig zu einer Kugel formen, in Frischhaltefolie einschlagen und 45 Minuten an einem warmen Ort ruhen lassen.

Für die Füllung den Mohn in einen Topf mit kochendem Wasser geben und 20 Minuten garen. Das Wasser abgießen, den Mohn gründlich abtropfen und erkalten lassen. Den Backofen auf 200 °C vorheizen.

Die Eiweiße in einer Schüssel steif schlagen. Den Mohn trocken tupfen, dann durch die feine Scheibe des Fleischwolfs drehen. Die Walnüsse grob hacken. Den Mohn mit Walnüssen, Zucker, Rosinen, Honig und Zimt zu einer glatten Masse verrühren. Die Mohnmasse nach und nach unter den Eischnee heben. Dabei darauf achten, dass der Eischnee nicht zusammenfällt.

Den Teig auf einer leicht bemehlten Arbeitsfläche zu einem etwa 30 Zentimeter großen und 5 Millimeter dünnen Kreis ausrollen. Gegebenenfalls mit weiterem Mehl bestäuben, damit der Teig nicht klebt. Die vorbereitete Backform damit auskleiden.

Die Mohnmasse auf den Teigboden füllen und den Kuchen im vorgeheizten Ofen 45 Minuten backen.

Vollständig erkalten lassen und in Stücke schneiden.

Sernik (polnischer Käsekuchen)

Dieser Käsekuchen ist das Original, aus dem sich der New Yorker Cheesecake entwickelt hat. Das Rezept habe ich in Krakau aufgestöbert, und zwar ist es das Familienrezept der Mutter meiner Freundin Kasia, der Küchenchefin des Jüdischen Gemeindezentrums Krakau.

Für 6 Personen • Zubereitungszeit: 45 Minuten
Garzeit: 3 Stunden

Zutaten

- 2 Bio-Orangen
- 150 g Zucker
- 750 g Ricotta
- 90 g Butter
- 1 Bio-Zitrone
- 5 Eier
- 150 g Puderzucker
- 65 g Mehl

Die Schalen der Orangen abschälen und klein würfeln. In einen Topf mit kaltem Wasser geben und zum Kochen bringen. Das Wasser abgießen und die Orangenschalen mit frischem kaltem Wasser erneut zum Kochen bringen. Den Vorgang mindestens fünf weitere Male wiederholen. Dadurch werden die Bitterstoffe aus der Schale gezogen.

Den Zucker mit 500 Millilitern Wasser in einen Topf füllen und auf mittlerer Stufe erhitzen, bis der Zucker geschmolzen ist. Die Hitze reduzieren, die vorbereiteten Orangenschalen zufügen und 45 Minuten bei niedriger Hitze garen. Erkalten lassen.

Inzwischen den Ricotta abtropfen lassen und glatt rühren. Die Butter in einem Topf zerlassen und abkühlen lassen. Die Schale von der Zitrone fein abreiben.

Den Backofen auf 170 °C vorheizen.

Boden und Rand einer Springform (20 Zentimeter Durchmesser) so mit Backpapier auskleiden, dass die Oberfläche möglichst glatt und faltenfrei ist. Die Käsekuchenmasse sollte keinen direkten Kontakt mit der Backform selbst haben. (Bei einer größeren Form den Kuchen einige Minuten weniger backen.)

Die Eier trennen und die Eiweiße in einer großen Schüssel steif schlagen. Die Eigelbe mit dem Puderzucker in die Schüssel der Küchenmaschine geben und schaumig rühren. Bei laufendem Motor nach und nach erst das Mehl zugeben, dann die zerlassene Butter. Den Zitronenabrieb unterrühren und den Ricotta zufügen.

Dann die Zutaten mit einem Holzlöffel zu einer möglichst glatten, luftigen Masse verrühren (auch nach einigen Minuten kräftigen Rührens kann die Masse noch etwas „grießig“ aussehen). Die kandierten Orangenstücke (oder alternativ Rosinen) unterheben. Die Masse nach und nach unter den Eischnee heben. Dabei darauf achten, dass der Eischnee nicht zusammenfällt.

Die Masse in die vorbereitete Form füllen und im vorgeheizten Ofen etwa 2 Stunden backen. Der Sernik ist fertig gebacken, wenn die Oberfläche vollständig gebräunt ist.

Blintzen

Für 4 Personen • Zubereitungszeit: 30 Minuten
Garzeit: 20 Minuten • Ruhezeit: 45 Minuten

Zutaten

Für den Teig:

- 125 g Mehl
- 1 kleine Prise Salz
- fein abgeriebene Schale von ½ Bio-Orange
- 2 Eier
- 250 ml Milch
- 1 EL Rum (alternativ Kirschwasser oder Orangenblütenwasser)
- Öl zum Einfetten
- 25 g Butter

Für die Beerensauce:

- 200 g frische Brombeeren, Blaubeeren, Erdbeeren oder Himbeeren (ersatzweise TK-Ware)
- 50 g Zucker

Für die Füllung:

- 375 g Ricotta
- 50 g Frischkäse
- 40 g Zucker

Für den Teig das Mehl mit Salz und Orangenabrieb in die Schüssel der Küchenmaschine geben. Eier, Milch und Rum auf mittlerer Stufe nacheinander einarbeiten.

Den Teig bei Zimmertemperatur 45 Minuten quellen lassen.

Eine große Pfanne (idealerweise eine Crêpepfanne) einige Minuten aufheizen. Mithilfe eines Küchenpinsels mit Öl einfetten. So viel Teig hineingeben und durch Schwenken verteilen, dass ein etwa 25 Zentimeter großer Pfannkuchen entsteht, der etwas dicker als ein normaler Pfannkuchen sein sollte, damit er beim Füllen nicht reißt. Wenn sich auf der Oberseite kleine Blasen bilden, den Pfannkuchen wenden und von der anderen Seite goldgelb backen.

Fortfahren, bis der Teig verbraucht ist, und die fertigen Pfannkuchen auf einen großen Bogen Alufolie legen.

Für die Beerensauce die Beeren mit dem Zucker einkochen, bis die Sauce die gewünschte Konsistenz hat. Bei TK-Ware etwas länger einkochen, damit das Wasser verdampfen kann.

Für die Füllung alle Zutaten in einer Schüssel glatt rühren.

Je etwa 1 Esslöffel Füllung auf die obere Mitte der Pfannkuchen verteilen. Die beiden Seiten einschlagen und die Pfannkuchen aufrollen. Die Butter in einer großen Pfanne zerlassen. Die gefüllten Pfannkuchen darin rundum knusprig anbraten. Auf eine große Servierplatte heben und mit der Beerensauce überziehen.

Schokoladen-Babka

Für 6 Personen • Zubereitungszeit: 25 Minuten
Garzeit: 35 Minuten • Ruhezeit: 1 Stunde

Zutaten

- 30 g Butter
- 50 ml Milch
- 200 g Mehl, plus etwas mehr zum Bestäuben
- 3 g Trockenbackhefe
- 1 Ei
- 55 g Zucker
- ½ TL gemahlene Vanille
- 1 Prise Salz
- ½ Glas Nuss-Nugat-Creme oder 200 g Schokolade
- 25 g Margarine

Für den Sirup:

- 30 g Zucker

Die Butter klein würfeln und bei Zimmertemperatur weich werden lassen. Die Milch auf Zimmertemperatur bringen.

Das Mehl in die Schüssel der Küchenmaschine sieben. Hefe, Milch, Ei, Zucker, Butter, Vanille und Salz zufügen und mit dem Knethaken 10 Minuten zu einem glatten Teig verarbeiten.

Die Schüssel mit einem Geschirrtuch abdecken und den Teig an einem warmen, vor Zugluft geschützten Ort ungefähr 1 Stunde gehen lassen.

Den Backofen auf 180 °C vorheizen.

Die Arbeitsfläche und den Teig großzügig mit Mehl bestäuben. Den Teig zu einem etwa 40 x 30 Zentimeter großen Rechteck ausrollen und mit der Nuss-Nugat-Creme bestreichen (alternativ die Schokolade im Wasserbad schmelzen und abkühlen lassen, dann auf dem Teig verstreichen). Den Teig der Länge nach aufrollen.

Dann entweder die Teigrolle bis 4 Zentimeter von einem Ende längs halbieren und die beiden Stränge umeinanderdrehen oder die Teigrolle längs bis 4 Zentimeter von einem Ende in drei Stränge schneiden und diese zu einem Zopf flechten.

Eine große Kastenform mit der Margarine einfetten und die aufgedrehte Rolle oder den Zopf mit nach unten eingeschlagenen Enden hineinlegen. Im vorgeheizten Ofen 35 Minuten backen.

Die Babka einige Minuten in der Form abkühlen lassen. Für den Sirup den Zucker mit 100 Millilitern Wasser in einem Topf erhitzen, bis er sich vollständig aufgelöst hat. Die erkaltete Babka mithilfe eines Küchenpinsels mit dem Sirup bestreichen.

Rugelachs

Ergibt 32 Stück • Zubereitungszeit: 40 Minuten
Garzeit: 30 Minuten • Kühlzeit: 2 ½ Stunden • Ruhezeit: 20 Minuten

Zutaten

- 240 g Butter
- 240 g Frischkäse
- 280 g Mehl plus etwas mehr zum Bestäuben
- 2 große Prisen Salz
- 250 g Schokoladenflocken oder -streusel oder eine Mischung aus je 125 g Mohnsaat und Zucker
- 2 Eier

Butter würfeln und mit dem Frischkäse etwa 20 Minuten Zimmertemperatur annehmen lassen.

Mehl, Salz und etwa die Hälfte von Frischkäse und Butter in die Schüssel der Küchenmaschine geben. Auf mittlerer Stufe mit dem Knethaken rühren und nach und nach die restlichen Frischkäse- und Butterwürfel einarbeiten, bis ein glatter Teig entstanden ist.

Den Teig auf eine leicht bemehlte Arbeitsfläche geben und in 4 gleich große Stücke teilen. Die Teigportionen auf Frischhaltefolie mit einem Teigroller zu 2–3 Millimeter dünnen Kreisen ausrollen. Die Teigkreise mit Frischhaltefolie bedecken und 2 Stunden im Kühlschrank ruhen lassen.

Die Teigkreise auf einer leicht bemehlten Arbeitsfläche mit den Schokoladenflocken oder -streuseln oder der Mohn-Zucker-Mischung bestreuen. Wie eine Pizza in 8 gleich große Stücke schneiden und wie Croissants von der Basis zur Spitze hin aufrollen. Mit der Spitze nach unten auf ein mit Backpapier ausgelegtes Backblech setzen und 30 Minuten kalt stellen.

Den Backofen auf 180 °C vorheizen. Die Eier in einer Schale verquirlen und die Rugelachs damit bestreichen. Im vorgeheizten Backofen etwa 30 Minuten goldbraun backen.

Hamantaschen

Kein Pessach ohne Makronen und kein Purimfest ohne Hamantaschen. Dieses mit Konfitüre gefüllte dreieckige Gebäck ist nach Haman benannt, dem Minister des persischen Königs Ahasveros, dessen Plan, alle Juden ausplündern und töten zu lassen, vereitelt wurde.

Für 4 Personen • Zubereitungszeit: 30 Minuten
Garzeit: 15 Minuten • Kühlzeit: 30 Minuten

Zutaten

- 125 g Butter
- 250 g Mehl
- ½ Päckchen Backpulver
- 60 g Zucker
- 1 große Prise Salz
- 1 Ei
- Konfitüre nach Wahl

Die Butter Zimmertemperatur annehmen lassen.

Das Mehl mit Backpulver, Zucker und Salz in der Schüssel der Küchenmaschine mischen. Ei und Butter zufügen und mit dem Flachrührer 5 Minuten zu einem glatten Teig verarbeiten.

Den Teig in Frischhaltefolie schlagen und 30 Minuten im Kühlschrank ruhen lassen.

Den Teig auf einer bemehlten Arbeitsfläche 3 Millimeter dünn ausrollen und 10 Zentimeter große Kreise daraus ausstechen. Den Backofen auf 200 °C vorheizen.

Je 1 gehäuften Teelöffel Konfitüre in die Mitte auf die Teigkreise setzen. Die Teigränder von drei Seiten über die Konfitüre schlagen und an den entstandenen Ecken leicht zusammendrücken, sodass eine Art dreieckiges Hütchen entsteht, bei dem man in der Mitte noch die Füllung erkennen kann.

Die Hamantaschen auf ein mit Backpapier ausgelegtes Backblech setzen und im vorgeheizten Ofen etwa 15 Minuten goldbraun backen.

RUSS & DAUGHTERS
HAMANTASCHEN
APRICOT or PRUNE
$15.50 LB

Bratäpfel in Sahnekaramell mit Matzenstreuseln

In meiner Familie gibt es an Rosch ha-Schana abends traditionell mindestens ein Dessert mit Äpfeln.

Für 4 Personen • Zubereitungszeit: 20 Minuten
Garzeit: 25 Minuten

Zutaten

Für die Bratäpfel:

- 4 kleine Äpfel
- 50 g Butter
- 1 TL Zimtpulver
- 20 g Zucker

Für den Sahnekaramell:

(alle Zutaten müssen vor Verwendung Zimmertemperatur haben)

- 120 g Zucker
- 25 g Butter
- 100 g Sahne (keine fettreduzierte)

Für die Garnierung:

- Matzen-Knuspermüsli (siehe Seite 275)

Den Backofen auf 200 °C vorheizen.

Für die Bratäpfel die Äpfel waschen. Das Kerngehäuse mit einem Apfelausstecher entfernen. Nicht schälen, da die Äpfel sonst beim Backen auseinanderfallen können.

Butter, Zimt und Zucker mischen und die Äpfel damit füllen. In eine Auflaufform setzen und im vorgeheizten Ofen etwa 25 Minuten backen.

Inzwischen für den Sahnekaramell den Zucker bei mittlerer Hitze in einem Topf unter Rühren schmelzen. Wenn der Zucker hellbraun karamellisiert ist, den Topf vom Herd nehmen, die Butter zufügen und sorgfältig untermischen. Die Sahne unterrühren. Möglicherweise wird der Zucker aufgrund des zu großen Temperaturunterschieds wieder fest.

Den Topf bei mittlerer Hitze wieder auf den Herd setzen und rühren, bis der Zucker wieder geschmolzen und ein glatter, cremiger Karamell entstanden ist.

Die Bratäpfel großzügig mit Sahnekaramell überziehen und mit dem Matzen-Knuspermüsli bestreuen.

Zabayon

Zabayon ist eine einfach und schnell zubereitete geeiste Eiercreme aus der sephardischen Küche. Man serviert sie pur oder mit frischen Früchten oder zu einer Harissa (siehe Seite 320).

Für 4 Personen • Zubereitungszeit: 15 Minuten
Gefrierzeit: 12 Stunden

Zutaten

- 5 Eier
- 100 g Zucker
- 1 EL Orangenblütenwasser

Die Eier trennen. Die Eiweiße in eine Küchenmaschine geben und steif schlagen.

Die Eigelbe mit dem Zucker in einer Schüssel hell und cremig rühren. Das Orangenblütenwasser kurz unterrühren.

Den Eischnee nach und nach vorsichtig unter die Eigelbmasse heben. Die Creme in eine gefriergeeignete Form füllen und über Nacht ins Tiefkühlfach stellen.

Harissa

Harissa ist nicht nur eine scharfe Gewürzpaste, so heißt auch ein sehr verbreiteter Kuchen in Nordafrika. Es gibt zwei Varianten, von denen eine an einen etwas dichteren Biskuit erinnert, während die andere fester und kompakter ist. Der Grund ist einfach der, dass die eine Variante mit, die andere ohne Backpulver zubereitet wird. Ich habe das Rezept meiner Freundin Ruth mit Backpulver ausgewählt. Sie können das Rezept aber auch ohne Backpulver zubereiten, wenn der Teig etwas fester werden soll.

Für 8 Personen • Zubereitungszeit: 10 Minuten
Garzeit: etwa 1 Stunde

Zutaten

Für den Teig:

- 150 g Weichweizengrieß
- 150 g gemahlene Mandeln
- ½ Päckchen Backpulver
- 150 g Zucker
- 1 Päckchen Vanillezucker
- 3 Eier
- Saft von 1 Orange
- 2 EL Orangenblütenwasser
- 2 EL Geranienblütenwasser
- einige Tropfen Bittermandelaroma
- 1 Prise Salz

Für den Sirup:

- 1 Bio-Orange
- 100 g Zucker
- Saft von ½ Zitrone

Für den Sirup die Orange auspressen. 750 Milliliter Wasser in einem Topf zum Kochen bringen. Zucker, Orangen- und Zitronensaft zufügen und bei niedriger Hitze etwa 1 Stunde zu einem hellbraunen, honigartigen Sirup einkochen.

Parallel dazu den Backofen auf 180 °C vorheizen. Alle Teigzutaten in die Schüssel der Küchenmaschine geben und mit dem Schneebesen 5 Minuten zu einem glatten Teig verarbeiten. In eine rechteckige Antihaft-Backform (30 x 20 Zentimeter) füllen und im vorgeheizten Ofen etwa 40 Minuten goldbraun backen.

Den Kuchen in kleine Stücke schneiden und mit der Hälfte des heißen Sirups tränken. Erkalten lassen und dann mit dem restlichen Sirup überziehen.

Halva

Halva ist eine Spezialität aus dem Nahen Osten. Es handelt sich dabei um ein brüchiges weißes Konfekt aus Sesam und Honig. Man kann es pur essen oder als süße Garnierung über Kuchen und Eisdesserts krümeln.

Für 4 Personen • Zubereitungszeit: 5 Minuten
Garzeit: 15 Minuten • Kühlzeit: 24 Stunden

Zutaten

- 50 g Honig
- 100 g möglichst festes Tahini (siehe Seite 36)

Den Honig in einem Topf sanft erhitzen, bis er eine braune Farbe angenommen hat. Nicht unbeaufsichtigt lassen, da Honig sehr schnell kocht.

In einem zweiten Topf das Tahini bei niedriger Hitze schmelzen.

Den Topf vom Herd nehmen. Den Honig zum Tahini gießen und rühren, bis eine glatte Masse entstanden ist (die beim Abkühlen immer glatter wird).

Die Masse in einen Kunststoffbehälter füllen, erkalten lassen und vor dem Servieren 24 Stunden im Kühlschrank fest werden lassen.

Für ein streichfähiges Halva (beispielsweise als Brotaufstrich oder mit Quark verrührt) 1 Esslöffel flüssigeres Tahini und 1 Esslöffel Honig unter die erkaltete Halvamasse rühren.

חלבה פולי קקאו
Cocoa Beans Halva
Halva Dates
חלבה אגוזים
Walnuts Halva
Home Made
חלבה פיסטוק
Pistachio Halva
Home Made
Marble Halva
Home Made halva

Droô (Hirsebrei)

Droô ist eine Art Pudding aus gemahlener Sorghumhirse, auch bekannt aus Mohrenhirse, die in Afrika sehr verbreitet ist. In Tunesien wird der Brei traditionell zum Frühstück serviert, und auch ich habe ihn während meines Aufenthaltes dort sehr gern morgens gegessen. Meistens wird der Brei mit Trockenfrüchten oder Halva garniert. Ich esse aber am liebsten ein Stück Harissa dazu (siehe Seite 320).

Für 4 Personen • Zubereitungszeit: 10 Minuten
Garzeit: 10 Minuten

Zutaten

- 200 g Sorghumhirsemehl
- 4 EL Zucker
- 300 ml Milch
- 25 g Halva (siehe Seite 322)

Hirsemehl und Zucker in einer Schüssel mischen. Nach und nach 300 Milliliter Wasser und die Milch kräftig unterrühren, bis die Masse klümpchenfrei ist.

Die Masse in einen Topf füllen und bei mittlerer Hitze unter ständigem Rühren zu einem nicht allzu festen Brei einkochen. Gegebenenfalls mit etwas Wasser strecken und erneut kräftig rühren.

Den Brei erkalten lassen. Vor dem Servieren mit zerkrümeltem Halva garnieren.

adidas
FFF
صافية

Aniskringel

Dieses sephardische Gebäck duftet für mich nach Urlaub. Als ich klein war, gab es einen tunesischen Händler, der am Weg zum Strand von Juan-les-Pins Aniskringel anbot, und meine Mutter kaufte jeden Morgen eine Packung.

Für 8 Personen • Zubereitungszeit: 15 Minuten
Garzeit: 25 Minuten • Ruhezeit: 2 Stunden

Zutaten

- 500 g Mehl
- 250 g Zucker
- 65 g weiche Butter
- 3 Eier
- 2 EL Anissamen

Das Mehl mit Zucker, Butter, Eiern und Anissamen in die Schüssel der Küchenmaschine geben und mit dem Knethaken auf mittlerer Stufe etwa 10 Minuten zu einem glatten Teig verarbeiten.

Den Teig zu etwa golfballgroßen Bällchen formen und mit ausreichend Abstand auf eine Silikonbackmatte setzen. Mit der Handfläche flach drücken und mit einem Finger ein Loch in die Mitte bohren. Die Teigkringel 2 Stunden ruhen lassen.

Den Backofen auf 180 °C vorheizen und die Aniskringel darin etwa 25 Minuten goldbraun backen.

Montecaos

Diese typisch andalusisch-jüdische Gebäckspezialität wurde von spanischen Siedlern in Nordafrika zunächst mit Schweineschmalz zubereitet. Da der Verzehr von Schweinefleisch und -produkten sowohl im jüdischen als auch islamischen Glauben untersagt ist, wurde es einfach durch Pflanzenöl ersetzt.

Für 8 Personen • Zubereitungszeit: 10 Minuten
Garzeit: 20 Minuten

Zutaten

- 500 g Mehl
- 210 g Zucker
- 250 ml Sonnenblumenöl
- einige Tropfen Vanillearoma
- Zimtpulver

Den Backofen auf 210 °C vorheizen.

Das Mehl in einer Schüssel mit dem Zucker mischen. Nach und nach das Öl von Hand einarbeiten, bis ein krümeliger, mürber Teig entstanden ist. Das Vanillearoma unterkneten.

Den Teig zu golfballgroßen Bällchen formen und auf eine Silikonbackmatte setzen. Mit Zimtpulver bestäuben und im vorgeheizten Ofen 5 Minuten backen. Die Ofentemperatur auf 150 °C reduzieren und weitere 15 Minuten backen.

קונדיטוריה אחים עיני בע"מ
מוצרי מאפה

MARZIPAN, WMAKROUDS, HONIGZIGARREN UND FRÜCHTE IN MARZIPAN

Keine sephardische Hochzeit oder Bar Mizwa ohne Honigkuchen oder Früchte in Marzipan. Diese Süßspeisen sind wirklich untrennbar mit großen feierlichen Anlässen und Familienfesten verbunden. Mir sind die Früchte in Marzipan von Mamie Juliette, der Großmutter meiner Cousins und Cousinen Raphaëlle, Judith und Nathan, immer noch lebhaft in Erinnerung. Sie kam nie ohne selbst gemachte Früchte in Marzipan zu einem Familienessen. Ihr Marzipan mit Mandelstückchen darin und mit Kirschwasser aromatisiert war einfach göttlich.

Marzipan

Sie können ohne Weiteres bis zu 50 Gramm mehr gemahlene Mandeln zufügen, wenn Sie ein festeres Marzipan bevorzugen. Wenn Sie Früchte damit umhüllen wollen, können Sie die Masse mit Lebensmittelfarbe einfärben.

Zutaten

Für weiches Marzipan:

- 1 Eiweiß
- 125 g Zucker
- 1 EL Orangenblütenwasser
- 200 g fein gemahlene Mandeln
- 50 ml Kirschwasser

Ergibt 40 Honigzigarren oder 25 Makrouds (weiches Marzipan) oder für 40 mit Marzipan gefüllte oder umhüllte Früchte (festes Marzipan) • Zubereitungszeit: 10 Minuten

Das Eiweiß mit dem Zucker (und etwas Lebensmittelfarbe, wenn mit dem Marzipan Früchte umhüllt werden sollen) in eine Schüssel geben und mit einer Gabel kräftig rühren, bis die Masse schaumig ist. Orangenblütenwasser und die gemahlenen Mandeln einarbeiten.

Um das Marzipan dezent zu aromatisieren, die Hände mit Kirschwasser befeuchten und die Masse kneten. Das Kirschwasser sorgt auch dafür, dass die Masse nicht zu sehr an den Fingern klebt. Die Hände also gegebenenfalls immer wieder mit Kirschwasser benetzen.

Das Marzipan hält sich gut 1 Woche in einem luftdicht schließenden Behälter im Kühlschrank.

Gefüllte Datteln und Walnüsse

Zutaten

- 20 fleischige entsteinte Datteln
- 250 g Marzipan
- 50 g gemahlene Mandeln
- 75 g Zucker
- 40 Walnusskernhälften

Ergibt 40 Stück • Zubereitungszeit: 15 Minuten

Die Datteln längs einschneiden, aber nicht durchtrennen. Für ein festeres Marzipan die gemahlenen Mandeln in die Marzipanmasse einarbeiten.

Aus der Marzipanmasse Kugeln formen, die etwas kleiner sind als die Datteln. Im Zucker wenden und in die aufgeschnittenen Datteln drücken.

Für die Walnüsse die restliche Masse zu Kugeln formen, die etwas größer sind als die Walnusshälften. Im restlichen Zucker wenden und mit je 2 Walnusshälften zusammensetzen.

Die gefüllten Datteln und Walnüsse vor dem Servieren auf einem Teller schön anrichten.

دقلة نور
6000 K

Makrouds

Ergibt etwa 25 Stück • Zubereitungszeit: 15 Minuten
Garzeit: 10 Minuten • Ruhezeit: 2 Stunden

Zutaten

- 300 g sehr feiner Weichweizengrieß
- 50 ml Öl
- 150 ml Orangensaft
- 400 ml Öl zum Ausbacken
- 250 g weiches Marzipan (siehe Seite 334)
- 250 ml Cointreau
- 75 g Dattelpaste
- 1 Glas fester Honig

Den Grieß in eine Schüssel geben. Mit Öl, Orangensaft und 50 Millilitern Wasser verrühren und 2 Stunden quellen lassen.

Das Öl zum Ausbacken in einem Topf auf mittlerer Stufe erhitzen.

Das Marzipan in die Grießmasse geben. Um die Masse dezent zu aromatisieren und damit sie nicht an den Fingern klebt, die Hände mit Cointreau befeuchten. Die Masse von Hand kneten, bis sie glatt ist. Sie sollte nicht zu feucht sein, da das Gebäck beim Ausbacken sonst auseinanderfällt.

Etwa 25 golfballgroße Bällchen aus der Masse formen und kleine Portionen Dattelpaste hineindrücken. Die Makrouds im heißen Fett goldbraun ausbacken. Dabei regelmäßig mit einem Holzlöffel wenden, damit sie gleichmäßig bräunen.

Mit einem Schaumlöffel herausnehmen, auf Küchenpapier abtropfen und erkalten lassen. Inzwischen den Honig bei sehr niedriger Hitze verflüssigen. Die Makrouds hineintauchen und vorsichtig darin wenden, bis sie vollständig überzogen sind. Auf einem Kuchengitter abtropfen lasen.

Honigzigarren

Ergibt 40 Stück • Zubereitungszeit: 20 Minuten
Garzeit: 10 Minuten

Zutaten

- 10 Brikteigblätter
- 250 g Marzipan (siehe Seite 334)
- 500 ml Sonnenblumenöl
- 1 Glas fester Honig

Die Teigblätter in je 4 gleich große Stücke schneiden. Das Marzipan zu 40 fingerdicken Rollen formen und wie auf Seite 338 beschrieben in den Brikteigstücken aufrollen. Die Honigzigarren könnten nun gut eingefroren und zu einem späteren Zeitpunkt ausgebacken werden. Es lohnt sich also, gleich eine größere Menge vorzubereiten.

Das Öl auf mittlerer Stufe in einem großen Topf erhitzen. Wenn ein kleines Stück Brikteig sofort darin bräunt, ist die Temperatur richtig.

Die Rollen portionsweise ins heiße Fett geben. Sie sollten zur Hälfte im Öl schwimmen. Wenn die Zigarren zu bräunen beginnen, die Holzspieße entfernen. Die Zigarren mit einer Küchenzange oder einer Gabel wenden, damit sie gleichmäßig bräunen. Bis zur gewünschten Bräunung ausbacken. Mit einem Schaumlöffel aus dem Fett nehmen und auf Küchenpapier abtropfen lassen.

Den Honig bei sehr niedriger Hitze verflüssigen. Die Zigarren darin wenden, bis sie gleichmäßig überzogen sind. Auf einem Kuchengitter abtropfen lassen.

Schritt für Schritt
Honigzigarren

Schritt 1

Das Marzipan zwischen den Handflächen zu fingerdicken Rollen formen.

Schritt 2

Den Marzipanstrang auf ein Teigstück legen. Die rechte Seite darüberschlagen.

Schritt 3

Die linke Seite darüberschlagen.

Schritt 4

Wie eine Frühlingsrolle aufrollen.

Schritt 5

Die Rolle mit einem kleinen Holzspieß fixieren, damit sie beim Ausbacken nicht aufgeht.

Mouna

Mouna ist ein süßes Hefebrot, das sowohl Spanier als auch *Pied-noir* (Algerienfranzosen) für sich beanspruchen. Einigen wir uns darauf, dass es aus Algerien stammt und dann übers Mittelmeer Richtung Norden gewandert ist. Dank Orangenblütenwasser und Zitronen- oder Orangenschale hat das Hefebrot ein liebliches, süßes Aroma. In manchen sephardischen Familien wird damit das Fasten vor Jom Kippur oder Pessach gebrochen.

Ergibt 4 Stück • Zubereitungszeit: 30 Minuten • Garzeit: 40 Minuten
Ruhezeit: 6 Stunden

Zutaten

- 1 Päckchen Trockenbackhefe
- 1 Bio-Zitrone
- 7 Eier
- 50 g Speisestärke
- 500 g Mehl
- 125 g Zucker
- ½ Päckchen Vanillezucker
- 120 ml Pflanzenöl
- 1 EL Orangenblütenwasser

Die Hefe in einer Schale mit etwas lauwarmem Wasser anrühren. Die Schale von der Zitrone dünn abziehen. 5 Eier in einer Schüssel mit der Speisestärke klümpchenfrei verrühren.

Das Mehl mit Zucker, Vanillezucker, Öl, Orangenblütenwasser, Zitronenabrieb und Hefeansatz in die Schüssel der Küchenmaschine geben. Die Eiermasse zufügen und mit dem Knethaken etwa 10 Minuten zu einem glatten Teig verarbeiten.

Die Schüssel mit Frischhaltefolie abdecken und den Teig etwa 2 Stunden an einem warmen, vor Zugluft geschützten Ort gehen lassen. Den Teig kurz durchkneten, um Luftblasen herauszudrücken. Weitere 2 Stunden gehen lassen. Den Teig erneut durchkneten und weitere 2 Stunden gehen lassen. Den Teig nochmals durchkneten, um Luftblasen herauszudrücken.

Den Backofen auf 180 °C vorheizen.

Den Teig in 4 gleich große Stücke teilen, zu kleinen runden Laiben formen und auf ein mit Backpapier ausgelegtes Backblech setzen. Die beiden restlichen Eier verquirlen und die Teigrohlinge damit bestreichen. Im vorgeheizten Ofen 40 Minuten backen.

Mouna de Kippour
2 K farine
500 gr sucre
1 citron râpés
1 p vanille
2 verres d'huile
7 oeufs
1 verre de
Maizena

Boulou

In tunesisch-sephardischer Tradition wird das Fasten vor Jom Kippur oft mit einem Stück Boulou und einem Glas frischer Limonade gebrochen. Ich als aschkenasische Jüdin könnte spöttisch behaupten, dass man mit diesem steinharten Kuchen auch Fensterscheiben einwerfen könnte. Zu diesem Rezept sagte mir Guy, ein tunesischer Freund: „Boulou geht ganz einfach: Wenn du denkst, dass er missraten ist, ist er gut!"

Ergibt 1 Laib • Zubereitungszeit: 20 Minuten
Garzeit: 40–50 Minuten (je nach gewünschter Festigkeit) • Einweichzeit: 2 Stunden

Zutaten

- 100 g Sultaninen
- 120 g Mandeln
- 500 g Mehl
- 160 g Zucker
- 1 Päckchen Backpulver
- 4 Eier
- 100 ml Sonnenblumenöl
- 100 ml Orangenblütenwasser
- 20 g Sesamsaat

Die Sultaninen in einer Schale mit Wasser bedecken und 2 Stunden darin einweichen. Dann das Wasser abgießen und die Sultaninen abtropfen lassen.

Den Backofen auf 180 °C vorheizen.

Die Mandeln einige Minuten ohne Fettzugabe in einer heißen Pfanne rösten. Abkühlen lassen und mit einem Messer hacken.

Das Mehl mit Mandeln, Zucker und Backpulver in einer Schüssel mischen.

3 Eier, Öl und Orangenblütenwasser in die Schüssel der Küchenmaschine geben und auf mittlerer Stufe 5 Minuten mit dem Schneebesen rühren. Nach und nach die Trockenzutaten einarbeiten. Die Rosinen unterziehen. Wenn der Teig zu klebrig wirkt, noch etwas Mehl einarbeiten.

Den Teig zu einem Laib formen und auf ein mit Backpapier ausgelegtes Backblech heben. Das restliche Ei verquirlen und den Teig damit bestreichen. Mit dem Sesam bestreuen. Im vorgeheizten Ofen 40 Minuten backen; das ergibt einen weicheren Boulou. Wenn er fester werden soll, weitere 10 Minuten backen.

Mandelsirup

Mandeln sind in allen Maghrebländern als Zutat weit verbreitet und werden in den unterschiedlichsten Rezepten von Kuchen bis Marzipan verwendet. Aus Mandeln wird auch sehr gern dieser Sirup zubereitet.

Ergibt 1 Liter • Zubereitungszeit: 15 Minuten
Garzeit: 15 Minuten • Ruhezeit: über Nacht

Zutaten

- 200 g abgezogene Mandeln
- 100 g gemahlene Mandeln
- 1,1 kg Zucker
- 1 ½ TL Bittermandelaroma

Die Mandeln hacken und mit 1 Liter Wasser, gemahlenen Mandeln und 550 g Zucker in einen großen Topf füllen. Die Mischung erhitzen und den Topf vom Herd ziehen, sobald sie zu kochen beginnt. Die Masse erkalten lassen. Mit Frischhaltefolie abdecken und über Nacht bei Zimmertemperatur ziehen lassen.

Am nächsten Tag den restlichen Zucker zufügen und die Mischung bei mittlerer Hitze etwa 10 Minuten erhitzen (dabei knapp unter dem Siedepunkt halten). Wieder erkalten lassen.

Das Mandelaroma unterrühren. Den Mandelsirup durch ein sehr feines Metallsieb in einen Krug passieren, dann mithilfe eines Trichters in eine verschließbare Flasche umfüllen und im Kühlschrank aufbewahren. Die Siebrückstände entsorgen.

LIMONADEN

Limonaden sind unglaublich erfrischend und besonders in den maghrebinischen Ländern beliebt.

Zitronen-Granita

Für 6–8 Personen • Zubereitungszeit: 10 Minuten
Garzeit: 5 Minuten • Ruhezeit: 10 Minuten • Gefrierzeit: 3 Stunden

Zutaten

- 1,5 l Wasser
- 2 Bio-Zitronen
- 150 g Zucker

Das Wasser in einem Topf zum Kochen bringen. Inzwischen die Schale der Zitronen abreiben. Dann zusammen mit dem Zucker ins kochende Wasser geben.

Die Zitronen auspressen. Den Topf vom Herd nehmen und den Sirup bei aufgesetztem Deckel 10 Minuten abkühlen und ziehen lassen. Den Zitronensaft unterrühren.

Den Sirup durch ein feines Sieb in eine gefriergeeignete eckige Form füllen und erkalten lassen. Dann etwa 3 Stunden im Tiefkühlfach gefrieren.

Während des Tiefkühlens die Masse alle 30 Minuten mit einer Gabel verrühren, damit die Eiskristalle aufgebrochen werden und die Flüssigkeit nicht zu einem festen Eisblock gefriert. Die Konsistenz sollte zerstoßenem Eis gleichen.

Limonata und Limonana

Ergibt 2 Liter • Zubereitungszeit: 15 Minuten
Garzeit: 10 Minuten • Kühlzeit: über Nacht

Zutaten

- 4 Bio-Zitronen
- 2 Liter Wasser
- 100 g Zucker

Die Schalen von den Zitronen abreiben und die Zitronen auspressen. Das Wasser mit dem Zucker in einen Topf füllen und auf mittlerer Stufe erhitzen, bis der Zucker sich vollständig aufgelöst hat. Den Topf vom Herd nehmen. Zitronenschale und -saft unterrühren und erkalten lassen.

Über Nacht im Kühlschrank ziehen lassen.

Die Limonade durch ein feines Sieb passieren und in ein oder zwei Flaschen abfüllen. Im Kühlschrank aufbewahren.

Limonata

Zutaten

- 2 EL Orangenblütenwasser

Nach dem Passieren das Orangenblütenwasser in die frische Limonade rühren.

Limonana

Zutaten

- 1 Bund frische Minze

Die Minze waschen. Zusammen mit Zitronenschale und -saft in den Sirup geben und ziehen lassen.

Schokoladenkuchen für Pessach

Dieser Kuchen ohne Mehl und Triebmittel gehört ganz bestimmt zu den besten Pessach-Kuchen, die ich je probiert habe. Er ist unglaublich weich und saftig. Das Rezept stammt von der Familie von Deborah, der erfahrensten Kochbuchhändlerin, die ich kenne. Sie ist aber vor allem eine meiner liebsten Freundinnen.

Für 4 Personen • Zubereitungszeit: 25 Minuten
Garzeit: 30 Minuten

Zutaten

- 50 g Butter plus etwas mehr zum Einfetten
- Mehl zum Bestäuben
- 250 g Bitterschokolade
- 3 Eier
- 200 g Zucker
- 100 g gemahlene Mandeln

Den Backofen auf 180 °C vorheizen. Eine rechteckige Backform (für Brownies) mit Butter einfetten und mit Mehl ausstäuben.

Die Schokolade in eine hitzebeständige Schüssel geben, auf einen Topf mit köchelndem Wasser setzen und schmelzen. Vom Wasserbad nehmen und abkühlen lassen. Die Butter 45 Sekunden in der Mikrowelle erwärmen.

Die Eier trennen. Eigelbe und Zucker in einer Schüssel hell und cremig rühren. Weiche Butter, flüssige Schokolade und Mandeln unter die Eiermasse rühren.

Die Eiweiße steif schlagen und vorsichtig unter den Teig heben.

Den Teig in die vorbereitete Backform füllen und im vorgeheizten Ofen 30 Minuten backen.

Dieser Kuchen wird in der Regel am Vorabend zubereitet und bei Zimmertemperatur gelagert. So entwickelt er eine saftig-weiche Textur.

Pessach-Makronen

Pessach und Makronen gehören zusammen wie Weihnachten und Lebkuchen: Sie sind untrennbar! Diese kleinen Mandelgebäckstücke enthalten kein Mehl und schmecken einfach unvergleichlich gut.

Für 4–6 Personen • Zubereitungszeit: 15 Minuten
Garzeit: 25 Minuten

Zutaten

- 2 Eiweiß
- 200 g Puderzucker
- 400 g fein gemahlene Mandeln

Die Eiweiße in die Schüssel der Küchenmaschine geben. Den Puderzucker darübersieben und mit dem Schneebesen steif schlagen. Die Mandeln kräftig unterrühren.

Den Backofen auf 160 °C vorheizen. Die Masse zu kleinen, etwa 4 Zentimeter großen Bällchen formen und auf ein mit Backpapier oder einer Silikonbackmatte ausgelegtes Backblech setzen. Dabei auf ausreichend Abstand achten, da die Makronen beim Backen auseinanderlaufen und zusammenkleben könnten. Im vorgeheizten Ofen 25 Minuten backen, bis die Makronen leicht gebräunt sind. Ist dies nicht der Fall, noch einige weitere Minuten im Ofen lassen.

KRAPFEN UND HONIGKUGELN

Krapfen sind typische Süßspeisen für Chanukka, denn traditionell isst man zu diesem Fest Schmalzgebäck, um dem Ölwunder zu gedenken: Obwohl die Tempelpriester nur einen Krug voll Öl hatten, der als Brennstoff für den siebenarmigen Tempelleuchter gerade mal einen Tag gereicht hätte, brannte das Öl acht Tage. Mit Konfitüre gefüllte Krapfen sind das bekannteste Schmalzgebäck, aber in manchen, insbesondere sephardischen Familien werden auch Honigkugeln serviert. Diese werden beispielsweise zu Pessach häufig auch mit Matzenmehl zubereitet.

Gefüllte Chanukka-Krapfen

Für 8 Personen • Zubereitungszeit: 25 Minuten
Garzeit: 20 Minuten • Ruhezeit: 2 ½ Stunden

Zutaten

- 50 g Butter
- 1 Päckchen Trockenbackhefe
- 500 g Mehl
- 1 EL Zucker plus Zucker zum Bestreuen
- 2 Prisen Salz
- Pflanzenöl zum Einfetten und Frittieren
- 1 Glas Konfitüre nach Wahl

Die Butter würfeln und Zimmertemperatur annehmen lassen.

Die Hefe in der Schüssel der Küchenmaschine mit etwas lauwarmem Wasser anrühren. Mehl, Zucker, Salz und 300 Milliliter Wasser zufügen. Auf mittlerer Stufe mit dem Knethaken etwa 10 Minuten bearbeiten. Die Butterwürfel zugeben und 1–2 Minuten rühren, bis sie vollständig eingearbeitet sind.

Die Schüssel mit Frischhaltefolie abdecken und den Teig an einem warmen, vor Zugluft geschützten Ort 2 Stunden gehen lassen. Den Teig durchkneten, um Luftblasen herauszudrücken.

Den Teig mit eingeölten Händen zu golfballgroßen Bällchen formen, diese auf einen Bogen Backpapier setzen und weitere 30 Minuten gehen lassen.

Reichlich Pflanzenöl in einem großen Topf oder einer Fritteuse auf 160 °C erhitzen (wenn das Öl zu heiß ist, bräunen die Krapfen zu schnell, während sie innen noch nicht gar sind). Die Krapfen im heißen Fett ausbacken, bis die gewünschte Bräunung erreicht ist. Mit einem Schaumlöffel herausnehmen, auf Küchenpapier abtropfen und erkalten lassen.

Die Konfitüre in einen Spritzbeutel mit Lochtülle füllen. Die Lochtülle seitlich in die Krapfen stechen und etwas Konfitüre hineindrücken. Die Krapfen vor dem Servieren mit Zucker bestreuen.

Honigkugeln

Für 4 Personen • Zubereitungszeit: 25 Minuten
Garzeit: etwa 15 Minuten

Zutaten

- 3 Eier
- 1 Prise Salz
- 100 ml Pflanzenöl
- 120 g Mehl
- Pflanzenöl zum Ausbacken

Für den Sirup:

- 200 g Honig
- 2 EL Orangenblütenwasser

Für den Sirup den Honig bei sehr niedriger Hitze verflüssigen. Das Orangenblütenwasser unterrühren und auf kleinster Stufe lauwarm halten.

Für die Krapfen die Eier verquirlen.

Salz und Öl mit 250 Milliliter Wasser in einen Topf geben und zum Kochen bringen. Die Hitze auf mittlere Stufe reduzieren.

Das ganze Mehl dazugeben und kräftig rühren, bis sich der Teig als Kloß vom Topfboden löst und eine weißliche Schicht darauf zu sehen ist. Den Topf vom Herd nehmen und nach und nach die Eier einarbeiten.

Reichlich Öl in einer Fritteuse oder in einem großen Topf auf 160 °C erhitzen. Teelöffelgroße Teigportionen mithilfe eines zweiten Löffels ins heiße Fett gleiten lassen und 3–4 Minuten frittieren, bis sie schön gebräunt sind. Nicht zu viele Kugeln gleichzeitig frittieren, damit sie nicht zusammenkleben.

Mit einem Schaumlöffel aus dem heißen Fett nehmen und auf Küchenpapier abtropfen lassen. Noch warm im Honigsirup wenden und servieren.

Sfenj und Bomboloni

Diese Krapfen sind quasi Zwillinge! Abgesehen von ihrer geografischen Herkunft – Sfenj stammen aus Marokko, Bomboloni aus Tunesien – lassen sie sich nur noch durch ihre Form unterscheiden.

Für 4 Personen • Zubereitungszeit: 15 Minuten
Garzeit: 20 Minuten • Ruhezeit: 2 ½ Stunden

Zutaten

- 1 Päckchen Trockenbackhefe
- 500 g Mehl
- 2 gehäufte EL Zucker plus etwas mehr zum Bestreuen
- 2 Prisen Salz
- Pflanzenfett zum Einfetten und Ausbacken
- Puderzucker oder Zucker zum Bestäuben

Die Hefe in der Schüssel der Küchenmaschine mit etwas Wasser anrühren. Mehl, Zucker, Salz und 300 Milliliter Wasser zufügen. Mit dem Knethaken auf mittlerer Stufe etwa 10 Minuten zu einem glatten Teig verarbeiten.

Die Schüssel mit Frischhaltefolie abdecken und den Teig an einem warmen, vor Zugluft geschützten Ort 2 Stunden gehen lassen. Den Teig nochmals kurz durchkneten, um Luftblasen herauszudrücken.

Den Teig mit eingeölten Händen zu golfballgroßen Bällchen formen, diese auf einen Bogen Backpapier setzen und weitere 30 Minuten gehen lassen.

Fertigstellung der Sfenj

Reichlich Pflanzenöl in einem großen Topf oder in einer Fritteuse auf 160 °C erhitzen (wenn das Öl zu heiß ist, bräunen die Krapfen zu schnell, während sie innen noch nicht gar sind). Inzwischen ein Loch in jedes Teigbällchen stechen. Dabei darauf achten, dass die Teigränder nicht zusammengedrückt werden. Die Krapfen vorsichtig ins heiße Fett gleiten lassen, damit sie möglichst ihre runde Form behalten, und goldbraun ausbacken. Mit einem Schaumlöffel herausnehmen und auf Küchenpapier abtropfen lassen. Mit Puderzucker bestäubt servieren.

Fertigstellung der Bomboloni

Reichlich Pflanzenöl in einem großen Topf oder in einer Fritteuse auf 160 °C erhitzen (wenn das Öl zu heiß ist, bräunen die Krapfen zu schnell, während sie innen noch nicht gar sind). Inzwischen ein Loch in jedes Teigbällchen stechen, das aber wesentlich größer sein sollte als bei den Sfenj. Dadurch erhalten die Bomboloni auch einen größeren Durchmesser als die Sfenj. Die Krapfen mit beiden Händen halten und mit einer Drehbewegung ins heiße Fett geben, sodass sie sich noch wie ein Kreisel im Fett drehen. Goldbraun ausbacken. Mit einem Schaumlöffel herausnehmen und auf Küchenpapier abtropfen lassen. Vor dem Servieren mit Zucker bestreuen.

JÜDISCHE FEIERTAGE

Wie bereits in der Einleitung erwähnt, spielen Speisen eine wichtige Rolle bei rituellen Handlungen an jüdischen Festen. Dies gilt insbesondere für die folgenden Feiertage.

SABBAT

Von Freitagabend bis Samstagabend (bis Sonnenuntergang) wird der wöchentliche Ruhetag eingelegt, wie es auch Gott nach der Erschaffung der Welt getan hat. Mit dem Sabbat (oder Schabbat) wird daran erinnert, wie wichtig es im Arbeitsleben ist, zur Ruhe zu kommen und innere Einkehr zu halten. Am Sabbat verbringt man die meiste Zeit gesellig im Kreise der Familie, aber auch beim Gottesdienst mit Gebeten. Die Mahlzeiten am Freitagabend (Seuda Rischona), Samstagmittag (Seuda Chenil) und Samstagabend sind echte Festessen. Da am Sabbat jede Arbeit untersagt ist, werden die Gerichte bereits am Freitagnachmittag vor- und zubereitet. Dabei handelt es sich häufig um Speisen, die lange allein vor sich hingaren können, und dann am Freitagabend oder Samstag serviert werden. Vor jeder Mahlzeit wird der Kiddusch, der Sabbatsegen, über einem Becher Wein oder koscheren Traubensaft gesprochen, gefolgt vom Hamotzi, der Segnung der auf der Sabbat-Tafel stehenden Challa-Brote.

ROSH HA-SCHANA

Das jüdische Neujahr Rosch ha-Schana fällt dem gregorianischen Kalender nach auf Ende September oder Anfang Oktober. Zwei Tage dauert die Neujahrsfeier, und es beginnt eine zehntägige Bußezeit, Tage der Besinnung, die durch das Versöhnungsfest Jom Kippur abgeschlossen werden. In dieser Zeit wird das zurückliegende Jahr betrachtet, und es werden gute Vorsätze für das nächste Jahr gefasst.

Nach Kiddusch und Hamotzi, der Segnung der Challa-Brote, taucht zu Beginn des Festmahls jede Person ein Apfelstück in Honig und verzehrt es in der Hoffnung auf ein süßes, glückliches neues Jahr. Häufig werden auch Granatäpfel aufgetischt, deren Kerne Reichtum symbolisieren. Zu Rosch ha-Schana werden traditionell zuckerhaltige oder süße Speisen mit Honig, Früchten und Kürbis usw. aufgetragen, um dem Wunsch Ausdruck zu verleihen, dass das neue Jahr mild und süß werden möge.

JOM KIPPUR

Das Versöhnungsfest Jom Kippur ist der wichtigste Feiertag *(yom tov)* des jüdischen Kalenders und bildet den Abschluss der zehn Bußtage. Es geht darum, den Menschen zu entsühnen, und Vergebung für die schlechten Taten zu erlangen, indem man anderen vergibt, aber auch bei anderen um Vergebung bittet. An diesem Tag wird streng gefastet und Ruhe eingehalten. Das Festmahl, mit dem das Fasten gebrochen wird, wird am Abend des Vortags zubereitet.

SUKKOT

Sukkot, das Laubhüttenfest, ist neben Pessach und Schawuot das dritte Wallfahrtsfest, mit denen an die göttliche Hilfe für die Israeliten bei ihrem Auszug aus Ägypten erinnert wird.

An Sukkot werden mehrere Dinge gefeiert: zum Einen das Überleben der Israeliten auf ihrem schweren Weg durch die Wüste. Deshalb werden an sieben Tagen die Mahlzeiten in einer Sukka, einer Hütte aus Zweigen, Stroh und Reisig, eingenommen, um an die schwierigen Bedingungen jener Zeit zu erinnern.

Sukkot ist aber auch ein Erntedankfest, mit dem das Ende des Landwirtschaftsjahres gefeiert wird. Charakteristisch ist das Segnen des Feststraußes, der aus ganz verschiedenen Pflanzenarten besteht und unbedingt in der Sukka vorhanden sein muss. Zu diesem Gebinde gehören eine Zitronatzitrone *(etrog)*, zwei Bachweidenzweige *(arawa)*, drei Myrtenzweige *(hadas)* und ein Dattelpalmzweig *(lulav)*.

CHANUKKA

Mit diesem achttägigen Tempelweihfest wird an die Wiedereinweihung des Tempels in Jerusalem gedacht, aber auch an den erfolgreichen Aufstand der Makkabäer gegen die syrische Herrschaft. Chanukka ist auch und vor allem das Lichterfest. Jeden Abend wird an das Ölwunder im Tempel erinnert: Das Öl, das eigentlich nur für einen Tag als Brennstoff für den siebenarmigen Tempelleuchter gereicht hätte, brannte acht Tage lang.

Nach den Segenssprüchen, die an die Wunder in der Vergangenheit und das Glück, dass man das Fest erleben darf, erinnern, wird jeden Abend eine Kerze mehr am achtarmigen Chanukkaleuchter angezündet, bis am achten Abend alle Kerzen brennen. Angezündet werden sie mit einer neunten Kerze, der Schamasch, die aber nicht mitgezählt wird. Ein weiterer Brauch ist es, in Erinnerungen an das Ölwunder Schmalzgebäck wie Latkes oder Krapfen zu essen.

PURIM

Mit diesem Fest wird die Rettung der Juden vor dem Mordkomplott von Haman, dem Minister des Perserkönigs Ahasveros, gefeiert. Der Plan konnte von Königin Esther und ihrem Onkel Mordechai verhindert werden. Haman wurde hingerichtet, Mordechai zum Minister ernannt. Dieser forderte Veränderungen ein, die aber eher sozialer als religiöser Art waren. So führte er große Festessen ein, aber auch Almosen für die Ärmsten. Auch heute wird Purim mit einem Festmahl und Armenspenden in Form von Lebensmittelgaben gefeiert. Nach dem Essen wird das

Buch Esther von einer Frau vorgetragen, denn die Errettung wurde schließlich von einer Frau herbeigeführt. Während der Lesung drehen Kinder an Ratschen, wenn der Name Haman erwähnt wird, der dadurch verbannt wird. Ein im Buch Esther erwähntes *mischte* (Fest mit Alkohol) führt dazu, dass manche Männer das Festessen in heiterem Zustand abschließen. An Purim werden häufig Hamantaschen aufgetragen, dreieckige Gebäckstücke, die die Ohren des königlichen Ministers symbolisieren sollen, in aschkenasischen Familien aber auch gern Kreplachs.

PESSACH

Mit diesem achttägigen Fest wird an den Auszug der Israeliten aus Ägypten, ihre Befreiung aus der Knechtschaft und ihre Geburt als Volk Israel gedacht.

Auftakt des Pessach-Festes bildet der Sederabend, bei dem aus der Pessach-Haggada die Geschichte des Auszugs aus Ägypten vorgetragen und mehrere rituelle Speisen und Getränke eingenommen werden. Dafür werden auf einer Platte in einer bestimmten Reihenfolge verschiedene Speisen mit symbolischer Bedeutung angeordnet:

• Maror: ein Bitterkraut (häufig Salat) als Symbol für die Bitterkeit der ägyptischen Knechtschaft.

• Charosset: eine Art Paste aus Früchten, die den Lehm darstellt, aus dem die Israeliten in ihrer Sklavenzeit Ziegel herstellen mussten.

• Seroa: ein gegarter und dann leicht angebrannter Geflügelknochen, der für das Opferlamm im Jerusalemer Tempel steht.

• Beitzah: ein hart gekochtes Ei als eine der Gaben des Pessach-Opfers.

• Karpas und Mej Melach: Petersilie *(karpas)* oder ein anderes frisches Kraut, das in Salzwasser *(mej melach)* getaucht wird, symbolisiert die von den versklavten Israeliten vergossenen Tränen.

Jede Speise hat ihren festgelegten Platz im zeremoniellen Ablauf des Sederabends: Beispielsweise folgt auf die Segnung der Matze das Korech, bei dem je nach Tradition Maror oder Charosset und Matze oder Pessach-Lamm und Maror gegessen werden.

Die Lesung aus der Pessach-Haggada und die rituellen Handlungen (mit oder ohne Sederplatte) finden vor der Mahlzeit statt. So kommt es, dass oft erst zu sehr später Stunde gegessen wird.

SCHAWUOT

Mit diesem Fest wird 49 Tage nach Pessach an die Verkündung der Zehn Gebote am Berg Sinai erinnert. Nach der Befreiung aus der ägyptischen Knechtschaft (Pessach) sind die Israeliten vor Gott zu einem Volk geworden.

An Schawuot studieren viele Gläubige eine ganze Nacht lang die Thora, es werden die Zehn Gebote und das Buch Ruth gelesen, und man trinkt und isst Milchprodukte. Dies erklärt sich damit, dass die Israeliten vor der Verkündung der Zehn Gebote und dem Bund mit Gott keine Speisegesetze kannten. Mit der Kaschrut aber duften die Israeliten ihr Geschirr und ihre Töpfe nicht mehr für Fleisch verwenden. So entschieden sie sich für Milchprodukte, für die es weniger Einschränkungen gab.

REZEPTVERZEICHNIS

Streit's
MATZOS
MADE IN NEW YORK CITY SINCE 1925
STREITS
100% WHOLE WHEAT
24/11oz
04/21/17
AMERICA'S BEST
Streit's
MATZOS
MADE IN NEW YORK CITY SINCE 1925
24 PACKAGES
Streit's
MATZOS
MADE IN NEW YORK CITY
SINCE 1925
STREITS
100% WHOLE WHEAT
24/11oz
04/21/17

24 PACKAGES
Streit's
MATZOS
MADE IN NEW YORK CITY SINCE 1925
STREITS
100% WHOLE WHEAT
24/11oz
04/21/17
AMERICA'S BEST
AS
PUSH
PULL

تونس
TUNIS
حلق الوادي
LA GOULETTE

26.6
28.6
15.5
14:00

מי שאתה, איך
הקדוש ברוך

BOUKHA BOKOBSA
EAU-DE-VIE DE FIGUE
37,5% vol. 10 cl
A. BOKOBSA PÈRE & FILS
EAU-DE-VIE DE FIGUE
BOUKHA BOKOBSA
37,5% vol. 10 cl

מוקד הצדקה של גדולי הדור שליט"א:
ועד הרבנים
לעניני צדקה בארה"ק
CHANGE
רבי עקיבא
Rabbi Akiva St.

rquise מרקיז
התכשיט שתמיד
rquise
Triumph
אביבית
הלבשה אישית
טל' 03-6182296
LG
נית

DANK

Meine liebste Juliette, ohne dich hätte ich nie die Lust verspürt, zusammenzutragen, was man mir weitergegeben hat. Ich bin dir außerordentlich dankbar dafür, dass du über viele Monate ein so verständnisvolles Mädchen warst und dadurch deine außergewöhnliche Intelligenz bewiesen hast. Du warst eine fantastische Reisebegleiterin und zuweilen sogar eine hervorragende Assistentin. Ich weiß, dass meine häufigen Abwesenheiten schwierig für dich waren, und ich danke dir für dein großes Verständnis. Zugleich hoffe ich aus tiefstem Herzen, dass dieses Buch uns immer an unsere innige Verbundenheit erinnern wird, dass du es deinerseits an deine Kinder weitergeben wirst und unsere Geschichte erzählst.

Amanda, tausendfachen Dank, dass du so gern bereit warst, an diesem Abenteuer teilzuhaben. Ich danke dir aus tiefstem Herzen, dass du mein Buch mit so korrektem und doch liebevollem Blick begleitet hast.

Audrey Bernard, ich wünsche jedem, dass er mit seinem Verleger einen so guten Kontakt hat wie ich. Danke, dass du mich unterstützt, ertragen und vor allem beruhigt hast. Danke, dass du an mich geglaubt hast.

Aurélie Starckmann, danke, dass du mir Vertrauen geschenkt und mich verstanden hast und dass du mich so manche Richtungen hast einschlagen lassen, die am Anfang nicht sehr eindeutig waren.

Déborah Dupont, in jedem meiner Bücher steckt auch ein wenig von dir, aber in diesem sogar noch etwas mehr. Es gibt so vieles, für das ich dir danken könnte, aber insbesondere dafür, dass du es auf einem achtstündigen Flug neben mir ausgehalten hast! Débo, danke, danke, danke!

Astrid Lauzet, danke dafür, dass du die stürmische redaktionelle Phase mit unerschütterlicher Freude und Begeisterung mit mir durchgestanden hast. Du warst eine unvergleichliche Kollegin.

Christine Cameau, danke für deine Professionalität, deine so wertvolle Hilfe, deine Unterstützung und deine freundlichen Worte an schwierigen Tagen. Die Arbeit mit dir an diesem Projekt war ein Glücksfall.

Nicolas Galy, danke für deine unglaubliche Reaktionsfähigkeit! Du warst mehr als perfekt. Danke aus tiefstem Herzen.

Dank an Thierry Chovanec, dass du mir immer so toll und ohne mit der Wimper zu zucken aus der Klemme geholfen hast.

Pierre-Olivier, du bist der coolste Pressesprecher der Welt.
Danke für deine Worte, dein Lächeln und deine Freundlichkeit.

Lisa Magano, tausend Dank für die Stunden, die du – immer fröhlich – an diesem Projekt gearbeitet hast.

Charles Boitier, deine unglaubliche Effektivität auf der Zielgeraden beruhigt mich wirklich bei jedem Buch!

Marie-Denise, du bist ein wahrer Sonnenschein. Danke für deinen stets so warmen Empfang.

Dank an Matthieu Guyot, Stéphanie Cordier und XL Airways für die Unterstützung meiner Projekte, denn ohne euch hätte ich nicht um die Welt reisen und tolle Fotos aufnehmen können. Unendlichen Dank, dass ihr an meine Arbeit glaubt.

Dank an Sébastien Bazin für die wertvolle Hilfe, aber vor allem auch für seinen Glauben an dieses Projekt.

Martin Bazin, du bist ein außergewöhnlicher und wertvoller Freund. Ich habe noch nie in meinem Leben einen so gerechtigkeitsliebenden und aufrichtigen Menschen wie dich getroffen. Danke, dass du immer nah bist.

Dank an die Herren Bourrien und Augustin für ihr großes Wohlwollen. Meine Herren, Sie sind außergewöhnlich!

Sarah, ich weiß nicht, wie ich dir danken soll, dass du mit so viel Eifer und Begeisterung an mein Projekt geglaubt hast. Ich möchte unsere Diskussionen über das Leben, Religion und Familie nicht missen, und unsere Freundschaft ist mir besonders wertvoll.

Danke, Nico, dass du mir das Vertrauen geschenkt hast, die Beschreibung deiner wundervollen Familie zu Papier zu bringen.

Ein riesiges Dankeschön geht an meine Freunde, die mich mit ihren kurzen Nachrichten und Telefonanrufen in schwierigen Momenten aufgebaut haben. Muriel und Pierre Rigothier, Laurence und Arnaud Faye, Jacques Chaniol und Walter Delazoppa, Élodie und Jean-François Piège, Stéphanie Djéribi, Aleksandra und Xavier Hurtes, Christophe Queiros, Jérémy Del Val, Miriam Hernandez, Yann Brys, Mickael Dawidowitcz, Anne Ettore, Benjamine Fajeau – ich liebe euch!

Damien, vielen Dank dafür, dass du probiert, gelesen, zugehört, mich beraten und unterstützt hast.

Nina und Mathieu Salomé – jeder Moment mit euch war wie eine frische Brise. Danke für alle eure lieben, wohlwollenden und unterstützenden Worte.

Nina, du bist ein unglaubliches Mädchen, und, glaube mir, du bist mir sehr lieb!

Valérie Expert und Betsy Levine Bernardaud (mein Pastrami-Coach!), Dank an euch beide für eure aufmunternden Worte und wertvollen Ratschläge.

Ein großes Dankeschön an Raphaëlle Carlier und das Haus Pétrossian für ihre schnelle Reaktion und ihre wertvolle Hilfe.

Ich möchte mich auch bei Liz Alpern bedanken für die Zeit, die sie mir geschenkt hat, obwohl sie sehr mit der Arbeit an ihrem eigenen Buch beschäftigt war. Sie hat mit mir die Initiativen, mit denen junge New Yorker Juden ihre Traditionen bewahren wollen und die mich sehr bewegt haben, nahegebracht und verständlich gemacht.

Ein riesiges Dankeschön an Peter Shelsky, Chana Appfelbaum, Rabbi Kirshner, die mir ihre Geschichten erzählt haben.

Besonders bewegend war es für mich, Polen zu entdecken, dieses an wechselhafter und manchmal sehr schmerzlicher Geschichte so reiche Land. Ich möchte mich sehr herzlich beim polnischen Tourismusverband bedanken für die Unterstützung und die wertvolle Hilfe bei diesem Projekt. Mein besonderer Dank geht an Elzbieta Janik für ihre große Freundlichkeit.

Ein großes Dankeschön auch an das Jüdische Gemeindezentrum von Krakau und besonders an Jessica Rosenberg sowie Kasia Leonardi und ihre Mutter.

Dank an das tunesische Fremdenverkehrsamt und insbesondere an Valérie Dada, die es mir ermöglicht hat, dieses fantastische Land zu entdecken. Droô, Fricassés oder Bomboloni werden mir für immer in schönster Erinnerung bleiben! Dank an Laurence T., die mich mit so großer Freundlichkeit empfangen hat.

Danke, Familie Gendelman und vor allem Sylvie, die mich so freundlich aufgenommen und mir die schönsten Seiten Israels gezeigt haben. Yariv Berrebi, du warst ein echter Goldschatz! Danke, dass du mir deine Familienrezepte überlassen hast. Vielen Dank für deine wertvolle Hilfe.

Dank an alle, die sich die Zeit genommen haben, mir Dinge zu zeigen, zu erklären und mir ihre uralten kulinarischen Geheimnisse verraten haben.

Déborah und Philippe Minot, euch danke ich unendlich, dass ihr mich seit 35 Jahren unerschrocken und selbstlos unterstützt. Géraldine, danke für deine unermüdliche Unterstützung. Gaëlle, danke für dein Wissen über jüdische Feste, aber insbesondere dafür, dass du, egal was ich mache, eine meiner treuesten Freundinnen bist und bleibst.

Dank an Frédérique Sebabh und Julie Allard, dass ihr im Alltag unbezahlbare Freundinnen seid. Diese Mahjouba wird für immer in meinem Gedächtnis bleiben!

Danke an Andrew Dorsey von *La Maison Plisson* für seine wertvolle Unterstützung bei der Herstellung von Pastrami.

Dank an Mamie Broulette für die Stunden, die ich in ihrer Gesellschaft verbringen durfte. Es war bestimmt eine der schönsten Begegnungen, die ich im Rahmen dieses Projekts gemacht habe.

Dank an Frau Helyette Bouskila, die mir ihr Familienrezept überlassen hat. Dank an Grégory Bouskila, der mir seit über 30 Jahren ein Freund ist, wie man ihn nur selten trifft. Deine Begeisterung und deine Zugewandtheit sind für mich eine wahre Energiequelle in Zeiten des Zweifelns.

Dank an Mamie Cécé, die mir das unglaubliche Kneidler-Rezept von Mme Frydman gegeben hat.

Dank auch an Annie Harroche, die mir seit über 30 Jahren eine unglaublich treue Freundin ist und mich während dieses Projekts mit so vielen freundlichen Worten und Gesten bedacht hat.

Dank an meine Mutter, die mir die schönsten Erinnerungen der Welt geschenkt hat und sie nun auch an meine Tochter weitergibt. Dass du dich um alles gekümmert hast, wenn ich auf Reisen war, deine ermutigenden Worte und der Stolz in deinem Blick treiben mich jeden Tag an. Danke, Alain, für deine so wertvolle Unterstützung im Alltag.

Dank an meinen Vater, der mir gezeigt und vorgelebt hat, was Leidenschaft für seinen Beruf bedeutet. Ohne dich und das, was du mir vermittelt hast, würde es dieses Buch nicht geben. Ein großes Dankeschön geht auch an seine Frau Isabelle für die Stunden, die sie damit verbracht hat, Aufnahmen aus den Familienfotokisten herauszusuchen. Dank an meinen Bruder für seine lieben Worte.

Vielen Dank, Olivier, für deine Freundlichkeit während des ganzen Projekts.

Der Wunsch, nicht alles zu vergessen, was mir mein Großvater vermittelt hat, war der Auslöser für dieses Buch. Ich dachte, dass ich bei den Recherchen zu diesem Buch etwas mehr über seine Geschichte und die seiner Familie in Erfahrung bringen würde. Es ging sogar noch weit über meine Erwartungen hinaus, und ich hätte mir niemals vorstellen können, dass ich dabei auch über mich lernen würde.

Ich kann dieses Buch also nicht beenden, ohne innig an meine Großeltern zu denken: Perla und Lucien Schachmes.

BE A MENSCH.
Please
wait to be seated